청년공동체 바로세우기 | 갈라디아서
(학습자)

청년공동체 바로세우기 | 갈라디아서(학습자)

초판 1쇄 발행 | 2017. 9. 10
초판 4쇄 인쇄 | 2025. 1. 30
지은이 | 김상권
펴낸이 | 정신일
펴낸곳 | 크리스천리더
편 집 | 홍소희
교 정 | 성주희
일부총판 | 생명의 말씀사 (02) 3159-7979
등 록 | 제 2-2727호(1999. 9.30)
주 소 | 부천시 소사구 성주로 96 제일빌딩 6층
전 화 | (032) 342-1979
팩 스 | (032) 343-3567
도서 출간 상담 | E-mail:chmbit@hanmail.net
Homepage | cjesus.co.kr

ISBN : 978-89-6594-223-8 03230

정가 : 5, 800원

더 이상 미룰 수 없는 한국교회 다음 세대를 세우는 마지막 대안, 청년공동체 바로 세우기 프로젝트

청년공동체 바로 세우기

청년공동체 바로세우기 학습자

갈라디아서의 원어적 의미를 찾는 영적 성숙 프로젝트

김상권 목사

[갈라디아서]

>>> Galatians Project >>>

행위로 의롭게 된다는 것은 구주 그리스도로 하여금 죄를 짓게 하는 것이고, 그리스도의 속죄를 믿는 믿음을 저 버리는 것은 스스로를 죄인으로 만드는 것이다. 우리가 행위로 의롭게 되려는 것은 범죄와 같다. 구원의 방법은 영원토록 변함이 없다. 오직 그리스도를 믿음으로만 구원 얻는다. 그러므로 우리의 행위 때문에 좌절하거나 낙담할 때 오히려 더 하나님께 믿음으로 나아가고 그 믿음으로 구원 얻게 하심을 감사하는 삶을 살아야 한다. 궁극적인 범죄는 죄를 짓는 행위가 아니라 믿음을 저버리는 행위다. 우리가 구원받지 못하는 이유는 죄를 지어서가 아니라 죄용서를 받아들이는 믿음을 저버렸기 때문이다.

CLS 크리스천리더

청년 공동체 바로 세우기를 위한 소그룹 사역 전략

청년 공동체 바로 세우기 소그룹 사역 전략은 총 다섯 가지의 전략을 가지고 각 청년 공동체에 맞게 조율 수립하여 각 공동체가 커리큘럼과 양육 체계를 가지고, 실질적인 영적 성숙의 가시화를 목표로 하는 청년 공동체 소그룹 사역 전문 매뉴얼입니다. 구체적인 세부안은 『청년 실종 공동체성으로 공략하라』 (크리스천리더)를 참고하세요.

1. 공동체성 진단하기

1) 사역 현장의 양육, 예배, 교제, 전도 기능을 대표하는 사역들이 공동체성에 미치는 영향을 5점 척도로 회원들에게 체크하도록 한다.
2) 상대적으로 부족하다고 생각되는 부분을 함양하기 위한 사역을 점검하고 수정과 보완을 실시한다.
3) 정기적으로 진단하여 공동체성 함양을 파악한다.

(예시)

공동체성		양육 기능	예배 기능	교제 기능	전도 기능	소계
사역		( )	( )	( )	( )	
관계적 속성	친밀한 상호작용과 영향	0 1 2 3 4	0 1 2 3 4	0 1 2 3 4	0 1 2 3 4	
	공동 목적 추구 행위	0 1 2 3 4	0 1 2 3 4	0 1 2 3 4	0 1 2 3 4	
	전인격적 관계	0 1 2 3 4	0 1 2 3 4	0 1 2 3 4	0 1 2 3 4	
	공동체 참여	0 1 2 3 4	0 1 2 3 4	0 1 2 3 4	0 1 2 3 4	
	공동 가치와 규범의 공유	0 1 2 3 4	0 1 2 3 4	0 1 2 3 4	0 1 2 3 4	
소 계						
정서적 속성	정서적 공감과 일치	0 1 2 3 4	0 1 2 3 4	0 1 2 3 4	0 1 2 3 4	
	개인과 공동체의 유익 일치	0 1 2 3 4	0 1 2 3 4	0 1 2 3 4	0 1 2 3 4	
	심리적 욕구의 통합과 충족	0 1 2 3 4	0 1 2 3 4	0 1 2 3 4	0 1 2 3 4	
	공동체 지향 본연 의지	0 1 2 3 4	0 1 2 3 4	0 1 2 3 4	0 1 2 3 4	
	의식적 소속감	0 1 2 3 4	0 1 2 3 4	0 1 2 3 4	0 1 2 3 4	
소 계						
물리적 속성	지리적 근접성	0 1 2 3 4	0 1 2 3 4	0 1 2 3 4	0 1 2 3 4	
	시간과 공간의 유사성	0 1 2 3 4	0 1 2 3 4	0 1 2 3 4	0 1 2 3 4	
	공동체 환경의 특성	0 1 2 3 4	0 1 2 3 4	0 1 2 3 4	0 1 2 3 4	
	사회적 단일성	0 1 2 3 4	0 1 2 3 4	0 1 2 3 4	0 1 2 3 4	
	공통된 문화의 공유	0 1 2 3 4	0 1 2 3 4	0 1 2 3 4	0 1 2 3 4	
소 계						
총 계						

2. 핵심가치 공유하기

1) 공동체성은 교회 부흥과 쇠퇴의 핵심적 요인이다.

2) 공동체성은 소그룹 사역에서 효과적으로 함양될 수 있다.

3) 소그룹은 예배, 양육, 전도, 교제의 기능을 강화할 때 활성화된다.

4) 1년을 4달씩 한 텀(Term)으로 묶어 소그룹 커리큘럼을 세우고 공동체에 적용한다.

(예시)

연차	필수 과정 (1~4월)	암송구절	선택 과정 (5~8월)	필수 과정 (9~12월)	암송구절
6년차	룻기	1. 내주하시는 성령(갈 4:6) 2. 통치하시는 성령(갈 5:16) 3. 계시하시는 성령(요 14:26) 4. 능력 주시는 성령(고전 2:4,5)	☞ 그리스도인 되기 ☞ 기독교 세계관 ☞ 거친 형상과 내적 치유 ☞ 하나님 음성을 듣는 법 ☞ 이성 교제와 결혼 준비 ☞ 경배와 찬양 ☞ 비전과 소명 ☞ 기도 학교 ☞ 부모와 가정 사역 ☞ 직장과 신앙 ☞ 고난과 시험 ☞ 감정 다루기 ☞ 영성 훈련 ☞ 캠퍼스 생활 ☞ 대인관계와 커뮤니케이션 ☞ 선교와 선교적 삶 ☞ 이단 연구 ☞ 대중문화와 기독교 ☞ 하나님의 이름 ☞ 기독교 교리 입문 ☞ 그리스도인의 물질관 ☞ 교회론과 실제 ☞ 종말론과 실제 ☞ 구원론과 실제 ☞ 기독론과 실제 ☞ 신론과 실제 ☞ 기질과 은사 개발	야고 보서	1. 용서함(엡 4:32) 2. 오래 참음(엡 4:2) 3 . 분노를 다스림(엡 4:26) 4. 악의를 버림(엡 4:31)
5년차	느헤미야	1. 믿음(히 11:6) 2. 선행(갈 6:9,10) 3. 경청함(약 1:19) 4. 책망을 받아들임(잠 9:8,9)		갈라디아서	1. 생각의 습관(빌 4:8) 2. 마음의 습관(눅 6:45) 3. 말의 습관(엡 4:29) 4. 행동의 습관(살전 5:22)
4년차	사사기	1. 공급(롬 8:32) 2. 유혹에서 도우심(시 119:9,11) 3. 교제(마 18:20) 4. 증거(롬 1:16)		요한 복음	1. 사랑(요일 3:18) 2. 겸손(벧전 5:5,6) 3. 순결(엡 5:3) 4. 정직(행 24:16)
3년차	여호수아	1. 구원의 확신(요 5:24) 2. 예수를 첫자리에 모심(마 6:33) 3. 죄에서 떠남(롬 12:2) 4. 견고함(고전 15:58)		빌립 보서	1. 성령(고전 3:16) 2. 능력(사 41:10) 3. 성실(애 3:22,23) 4. 평안(사 26:3)
2년차	말라기	1. 중심 되신 그리스도(갈 2:20) 2. 그리스도께 순종(요 14:21) 3. 말씀(딤후 3:16) 4. 기도(요 15:7)		누가 복음	1. 모든 이가 죄를 범함(롬 3:23) 2. 죄의 형벌(롬 6:23) 3. 그리스도가 형벌 받음(롬 5:8) 4. 그리스도를 영접해야 함(요 1:12)
1년차	창세기	1. 말씀에 의한 생활(행 20:32) 2. 성령에 의한 생활(롬 8:14) 3. 믿음에 의한 생활(고후 5:7) 4. 사랑에 의한 생활(요일 4:11)		에베 소서	1. 구원의 확신(요일 5:11,12) 2. 기도응답의 확신(요 16:24) 3. 승리의 확신(고전 10:13) 4. 사죄의. 확신(요일 1:9)

3. 양육 체계 확립하기

1) 모든 회원을 신앙의 성숙도에 따라 4 Step으로 분류한다.

2) 한 Term에 One Step-up을 목적으로 하여 양육하고 섬기는 사역을 실시한다.

3) Step-up이 이루어지지 않았을 때는 다음 Term에 다시 시도한다.

4) Step-up은 매 Term 시작 시점마다 점검하여 Step-up을 위한 소그룹 사역을 병행한다.

Step	부서 프로그램	소그룹 중점사항	Step 정의
Step 4 헌신자	제자훈련 소그룹 모임 리더 모임	리더 비전 나누기 사역팀 합류 소그룹원 챙기기	1. 삶이나 시간을 하나님께 드리려는 자 2.성숙을 위해 훈련 받는 자 3. 의미 있는 일을 위해 쓰임받기 원하는 자
Step 3 예배자	새가족반 젊은이예배 또래 모임	삶 나눔 집중 일일 리더 하기 인턴 리더로 세우기	1. 정기적으로 참여하여 예배를 드리는 자 2.예배에 대한 기대와 간증이 있는 자 3.말씀을 듣는 자세가 좋은 자
Step 2 참석자	소그룹 초청 전도축제 캠퍼스 모임	삶 나눔 집중 일일 리더 하기 인턴 리더로 세우기	1. 불규칙적으로 예배에 참석하는 자 2.하나님을 인격적으로 만나지 못한 자 3.소그룹 모임에 참석하지 않는 자
Step 1 관심자		주일예배 동석 친구 매주 주중 접촉 모든 모임 초청	1. 친구 따라 교회에 한 번 와본 자 2. 기독교와 신앙에 대해 관심 있는 자 3. 전도하기로 작정한 전도 대상자

4. 운영지침 반복하기

1) 공동체성에 영향을 주는 소그룹의 기능별로 두 가지 정도의 운영 지침을 마련하여 계속해서 반복한다.

2) 각 운영지침에 대한 세부안을 준비하여 강의와 실습 형식으로 매 Term마다 반복하게 한다.

소그룹 기능	분 류	기능 강화를 위한 운영 지침
양육	귀납적(Inductive)	귀납적으로 성경공부를 인도하라
	대화(Communication)	대화를 통해 마음을 열라
예배	기회(Opportunity)	소그룹 예배에 참여할 기회를 주라
	분위기(Atmosphere)	개방적이고 용납적인 분위기를 만들라
교제	사람(Individual)	사람 중심의 소그룹 교제를 유도하라
	갈등(Trouble)	갈등을 효과적으로 관리하라
전도	기도(Prayer)	기도로 성령의 인도하심을 구하라
	목적(Purpose)	목적 지향적 소그룹이 되게 하라

5. 소그룹 리더 양육하기

1) 리더 양육 커리큘럼을 구체적으로 정하여 재교육하는 시스템을 구축한다.

2) 지속적으로 가르치고 실습하게 하되, 다양한 범주 안에서 치우치지 않도록 실시한다.

회 기	양육 커리큘럼	비 고
1st Term (1~4월)	목적 지향적 소그룹 만들기(6주) 리더 친목회(1일) 기질과 은사(4주) 리더 수련회(1박)	리더 훈련 공동체 훈련 제자 훈련 집중 훈련
2nd Term (5~8월)	귀납적 성경공부의 이론과 실제(4주) 리더 친목회(1일) 두려움 없이 사는 법(6주) 리더 수련회(1박)	리더 훈련 공동체 훈련 제자 훈련 집중 훈련
3rd Term (9~12월)	대인관계와 인간 이해(4주) 리더 친목회(1일) 하나님 마음에 합한 사람(6주) 리더 수련회(1박)	리더 훈련 공동체 훈련 제자 훈련 집중 훈련

『갈라디아서』 교재 개발 지침

1. 각 과의 목적을 분명하게 드러내고 있는가?
2. 관찰, 해석, 적용, 실천 영역들이 골고루 반영되었는가?
3. 각 질문은 삶을 터치할 수 있는 질문들인가?
4. 귀납적으로 소그룹원들의 생각과 삶을 돌아보게 하는 질문인가?
5. 열린 질문('예', '아니오'로 답할 수 없는 질문)인가?
6. 처음부터 끝까지 그 진행이 부드럽고 매끄러운가?
7. 분명하고 확실한 질문인가?
8. 형식적으로 들어간 질문은 없는가?
9. 청년들에게 신선함을 주는 디자인과 내용인가?
10. 연구와 묵고(默考)를 거치면 객관적으로 답할 수 있는 질문들인가?
11. 소그룹 안에서의 협동 학습을 실행할 수 있도록 짜여 있는가?
12. 소그룹 인도자가 충분히 준비할 수 있는 시스템과 자료가 지원되고 있는가?
13. 소그룹 인도자가 각 과의 핵심가치를 분명히 알 수 있게 하는 시스템이 준비되었는가?
14. 소그룹 인도자의 공과 진행을 자신과 지도자가 파악할 수 있는 구조는 마련되었는가?

Contents

1과
변질된 복음에 속는 청년

갈라디아서 1장 1~10절

세상에 변하지 않는 것은 없다.

인생도, 사회도, 문화도 변한다.

하다못해 음식도, 얼굴도 변한다.

그러므로 변화는 잘못된 것이 아니라 당연한 흐름이다.

하지만 변질은 문제다.

변질은 변화하지 않을 때 찾아오는 결과물이다.

모든 것이 변화하는 세상 속에서

정당한 변화를 받아들이지 않으면 변질이 초래된다.

따라서 변질은 변화와 다른 것이다.

복음은 변하지 않는 유일한 진리다.

그러나 복음을 담고, 전하고, 실행하는 방식은 변한다.

아니 변해야 한다.

본질과 비본질을 구분하지 못하면 본질은 변질된다.

바울은 본질인 복음이 변질되면 안 된다고 말한다.

그가 말하는 복음의 변질은 어떤 것인지 본문을 통해 살펴보자.

말씀암송 | 에베소서 4장 32절

서로 친절하게 하며 불쌍히 여기며 서로 용서하기를 하나님이
그리스도 안에서 너희를 용서하심과 같이 하라

|다가서기|

1. 상한 음식을 먹고 배가 아픈 적이 있었는가? 그때의 상황을 구체적으로 나누면서 얼마나 아팠는지 나누어 보라.

2. 복음이 변질될 수 있다고 생각하는가? 당신이 생각하는 복음의 변질은 어떤 것인지 나누어 보라.

|깊이보기|

갈라디아서는 교회에 퍼진 율법주의(legalism)에 대하여 오직 믿음으로만 구원을 얻을 수 있다는 이신칭의의 복음(the Gospel of justification by faith)을 고수하기 위한 일종의 변증서이다. 그래서 바울은 한편으로는 율법주의자들의 공격을 방어하는 차원에서, 한편으로는 율법주의자들의 가르침을 공격하는 차원에서 강한 어조로 말한다. 본 서신의 수신자들은 비시디아 안디옥(Pisidian Antioch), 이고니온(Iconium), 루스드라(Lystra), 더베(Derbe) 등의 남부 갈라디아 지방의 교회 성도들을 대상으로 하고 있다.

3. 바울은 자신의 사도직이 누구로 말미암은 것이라고 말하는가?(1절) 그 이유는 무엇이라고 생각하는가?(7절)

4. 바울이 갈라디아 교인들에게 원하는 것이 무엇인가? 각각이 의미하는 바는 무엇인지 자신의 생각을 말해 보라(3절).

5. 4,5절은 은혜와 평강의 두 가지 목적을 말하고 있다. 그 두 가지는 무엇인지, 각각의 의미는 무엇인지 나누어 보라.

· 첫 번째 목적(4절) :

· 두 번째 목적(5절) :

6. 바울이 서신의 초반부터 강하게 말하고 있는 문제는 어떤 문제인가? 왜 이렇게 강한 어조로 말한다고 생각하는가?(6,7절)

7. 다른 복음의 결말은 어떤 것이라고 말하는가? 그리고 바울이 말하는 다른 복음의 기준은 무엇인가?(8,9절)

8. 10절로 미루어 보아 다른 복음은 어떤 특징을 가지고 있는가? 그 의미가 무엇일지 자신의 생각을 나누어 보라(10절).

9. 다른 복음은 변질된 복음으로 그리스도의 은혜를 떠나 그가 드러나지 않는것이라고 할 수 있다(4절). 삶 속에서 그리스도가 드러나지 않는 것이 왜 변질된 복음인지 각자의 생각을 나누어 보라.

10. 당신이 믿고 있는 복음은 삶 속에서 그리스도가 드러나고 있는가? 그런 에피소드가 있었다면 그 상황과 느낀 점을 나누고, 그렇지 못하다면 그 이유는 무엇인지 나누어 보라.

11. 변질된 복음은 갈라디아 교회의 상황상 하나님의 은혜 외에 다른 방편으로 죄 용서와 구원을 얻으려는 유대주의적 율법주의였다. 이것이 왜 변질된 것인지, 내 속에는 이런 것들이 없는지 나누어 보라(참고, 행4:12).

|다짐하기|

12. 오늘 나눈 내용을 근거로 내 속에 변질된 복음의 요소들이 있는지 점검하고, 바른 복음이 무엇인지 나름대로 각각 세 가지씩 정리해서 발표해 보라(참고, 롬1:16).

내 속에 변질된 복음의 요소	바른 복음이란?

|관점얻기|

갈라디아서의 개요

갈라디아서는 로마서, 고린도전후서와 함께 바울의 4대 서신으로, '작은 로마서'라는 별명으로 불린다. 로마서가 '이신칭의(Justification by faith)'의 원리 자체에 대한 설명이라면, 갈라디아서는 율법주의와 대조한 '이신칭의'를 강조한다. 바울 서신 중 가장 강하고 단호한 어조의 논리와 변증으로 구성되며, 편지의 대상은 1차 전도여행 중 바울 자신이 직접 세운 갈라디아교회 교인들이다. 편지를 쓴 이유는 믿음으로만 의롭게 되는 것이 아니라 율법을 지켜야 한다는 율법주의적 가르침의 주장이 잘못되었음을 알리기 위해서다.

직분과 사명

바울은 자신의 사도직에 대한 신적 기원을 표방한다(1절). 그 이유는 대적자들이 바울의 이신칭의의 가르침을 약화하기 위해 '바울이 사도가 아님'을 강조했기 때문으로 보인다. 이에 대해 바울은 "~난 것도 아니요, ~말미암은 것도 아니요(우크~ 우데~)"라는 이중 부정의 강조를 통해 모든 교회의 직분은 하나님께로부터 난 것임을 천명한다. 바울은 예수의 생애부터 함께 한 사도가 아니라 거꾸로 예수의 부활부터 함께 한 사도다. 또한 바울은 혼자가 아니라 함께 편지를 쓰고 있다고 말한다(2절). 이를 통해 교회는 동역을 통해 사명을 감당하는 곳임을 처음부터 드러내고자 한다.

은혜와 평강

'은혜'는 우리를 사랑하신 모든 구원사역의 이유, 즉 우리를 부르신 이유다. 믿음으로 구원얻지만 그 믿음 역시 하나님의 은혜로 주어진 것이다. '평강'은 그 복음 사역의 결과로 우리 속에 드러나는 현상이다. 그러므로 이 두 가지는 복음을 받은 자의 삶의 두 기둥이라고 할 수 있고, 그런 의미에서 복음을 받은 모든 사람에게 은혜와 평강은 적용된다. 바울은 이 은혜와 평강이 악한 세대에 물들지 않는 방편이며(4절), 동시에 하나님의 영광이 드러나는 도구가 될 수 있다고 말한다(5절). 영광을 돌리는 삶이란 업적이 아니라 믿음으로 사는 삶의 모습이라고 할 수 있다.

다른 복음

다른 복음이란 복음의 변질을 의미한다. 본문 상에서는 그리스도의 은혜뿐만 아니라 율법 준수와 할례 이행을 함께 해야 구원받는다는 유대의 율법주의적 가르침이라고 할 수 있다. 복음에 변질이 생길 때 저주가 임한다(8,9절). 또한 다른 복음은 사람의 귀를 즐겁게 하는 사변적이고 새로운 개념으로 여겨졌다(10절). 바울은 복음의 변질에 대해서 상당히 단호한 입장을 취하여, 다른 복음을 좇는 것은 그리스도를 떠난 것이라고 말한다. 그런 의미에서 복음의 변질이란 첫째, 삶 속에서 그리스도가 드러나지 않는 것이다. 그리스도에 관해서 많은 것을 배우지만 그리스도가 삶으로 드러나지는 않는 것이 변질된 복음이다. 둘째, 죄로부터 분리될 수 없는 우리가 하나님의 은혜 외에 다른 방법으로 죄를 해결해 보려는 것이 변질이다. 예를 들어 죄책감을 해결하기 위해 고행을 한다든지, 자학을 하는 것 등이다. 본문에서는 율법을 지키고 할례를 행하는 것으로 대변된다. 예수 그리스도를 믿음 외에 다른 방편으로 죄 용서와 구원을 얻으려고 하는 것이 복음의 변질이다.

|청년 자기 체크리스트|

아래의 체크리스트를 가지고 오늘 소그룹 모임에 임한 자신의 태도를 충분히 점검해 보라.

	점검 사항	5	4	3	2	1
준비 및 예습	본 과를 준비하면서 충분히 예습은 하였는가					
	각 과의 분명한 목적은 알고 모임에 임했는가?					
	성령께서 나를 만지시도록 기도로 준비하였는가?					
	소그룹원들을 위해서 중보하였는가?					
	리더를 위해서 중보하였는가?					
	나를 변화시키실 하나님을 기대하는 마음으로 임했는가?					
참여 및 자세	적극적으로 질문과 대답에 참여했는가?					
	정직하게 자신을 오픈했는가?					
	지체들의 발표에 사랑하는 마음으로 공감적 경청을 하였는가?					
	모임 중 성령의 인도하심을 계속적으로 기도했는가?					
	하나님께서 원하시는 것이 무엇인지 분명히 알았는가?					
	발견된 진리를 삶과 인격에 적용하기로 결단했는가?					
	이번주에 중보할 지체를 발견했는가?					
적용 및 결단	삶과 인격 변화를 위한 이번주 자신의 적용은 구체적인가?					
	배운 내용이 삶의 상황에 분명히 적용되었는가?					
	소그룹 모임에 대한 만족감이 있었는가?					
	배운 내용을 분명하게 정리했는가?					
	이번 과의 주제와 목적을 분명히 알게 되었는가?					
	삶과 인격의 변화를 위해 기도할 준비가 되어 있는가?					
평가	이번주 총점					

"그러므로 내 사랑하는 형제들아 견실하며 흔들리지 말고 항상 주의 일에 더욱 힘쓰는 자들이 되라 이는 너희 수고가 주 안에서 헛되지 않은 줄 앎이라" (고전 15:58)

- 이번주 생일자는?
- 이번주 소그룹 특이 사항은?
- 다음주 청년부 행사는?
- 다음주 전도할 대상은?
- 이번 달 암송 구절과 필독서는?

2과
예수를 만난 자, 이렇게 산다

갈라디아서 1장 11~24절

밥을 거하게 먹은 형제는 배가 나오고
오랜 만에 목욕을 한 자매는 광채가 난다.
통장에 월급이 들어온 이는 얼굴에 웃음꽃이 만연하고
마음에 근심이 가득한 이는 그 표정에 슬픔의 그림자가 드리운다.
첫 아이를 낳은 부모에게는 환희가 가득하고
부모 중 한 분이 막 돌아가신 자녀들의 눈에는 눈물이 흐른다.
세상의 모든 일은 그 일에 대한 특징이 있다.
하물며 복음을 받은 자에게 특징이 없을까?
갈라디아서 1장의 후반부는
바울이 받은 복음의 특징을 설명하면서
동시에 복음을 받은 자로서의 특징을 엿볼 수 있다.
이를 통해 우리 속에 복음의 특징을 확인하고
또 복음 받은 자로서 어떠한 삶을 살아야 하는지
힌트를 얻는 시간을 갖자.

말씀암송 | 에베소서 4장 32절

서로 친절하게 하며 불쌍히 여기며 서로 용서하기를 하나님이
그리스도 안에서 너희를 용서하심과 같이 하라

|다가서기|

1. 각자 자신의 특징을 동물에 비유해서 발표해 보라. 왜 그렇게 생각하는지도 나누어 보라.

2. 복음을 받은 사람은 어떤 특징을 드러낸다고 생각하는가? 각자의 생각을 나누어 보자.

|깊이보기|

갈라디아서 1장 11~24절까지는 바울이 받은 복음의 신적 기원을 강조한다. 11~17절까지는 받은 복음의 특징과 어떻게 바울이 이방인의 사도가 되었는지에 대한 간략한 설명으로 구성된다. 18~24절까지는 제 1차 예루살렘 방문을 기록하고 있는데, 여기에서도 게바와 야고보와의 짧은 만남만이 있었다고 기록함으로 다시 자신의 복음이 사람에게서 온 것이 아님을 피력한다. 뿐만 아니라 그 당시 유대 교회들이 바울의 얼굴도

몰랐던 상황을 소개하며 처음부터 끝까지 바울이 받은 복음은 사람이 아니라 예수 그리스도의 계시로 말미암은 것임을 강조한다.

3. 바울이 전한 복음은 누구에 의해서 받은 것인가?(11,12절)

4. 바울은 자신이 전한 복음이 사람이 아니라 오직 예수 그리스도의 계시로 받은 것임을 세 번이나 반복해서 강조한다. 그 첫 번째 강조는 무엇인가?(17,18절)

① 바울은 아라비아에서 3년을 보내며 예수께 직접 제자훈련을 받았다(행9:23 "여러 날").

② 바울은 게바를 방문해서 함께 아라비아로 갔다.

③ 바울은 먼저 사도 된 자들을 만나기 위해서 당장 예루살렘으로 갔다.

④ 바울은 자기보다 먼저 사도 된 자들을 싫어했다.

5. 바울은 자신이 전한 복음이 사람이 아니라 예수의 계시에 의한 것이라는 점을 두 번째로 어떻게 강조하고 있는가?(18~21절)

① 바울은 3년 뒤에 예루살렘에서 게바(베드로)와 야고보를 15일 동안 잠깐 보았기 때문에 그들에게 배울 수 있는 시간이 못 되었다.

② 게바와 야고보 외에는 바울을 싫어하여 만나주지 않았다.

③ 바울이 예루살렘으로 올라가는데 15일이나 걸렸다.

④ 게바와 야고보를 15일 동안 보았다는 말은 하나님 앞에서 거짓말이다.

6. 자신의 복음이 사람에게서 난 것이 아니라는 사실을 강조하는 세 번째 묘사는 어떤 것인가?(22~24절)

① 바울은 15일 만나고 바로 다른 지방으로 갔지만 교회들은 바울의 얼굴도 모르는 지경이었다.

② 수리아와 길리기아 지방은 바울의 얼굴을 몰라 그를 심하게 박해했다.

③ 수리아와 길리기아 지방의 교회는 하나님께 영광을 돌리지 않았다.

④ 수리아와 길리기아 지방의 교회는 그리스도 안에 교회가 아니었다.

7. 바울은 예수 그리스도로 기인한 복음이 자신에게 미친 특징을 세 가지로 소개한다. 그 첫 번째는 어떤 것인가?(13,14절, 빌3:8) 당신이 받은 복음도 당신에게 이런 영향을 주었는가?

8. 예수의 계시로 인한 복음은 두 번째로 바울에게 어떤 영향을 미쳤는가?(15절) 당신은 당신의 과거에 대해 어떻게 해석하고 있는가?

9. 세 번째로 복음이 바울에게 미친 영향은 무엇인가?(16,17절) 지금 당신의 삶은 바울의 모습과 얼마나 비슷한가?

10. 당신이 믿는 복음은 오직 예수 그리스도께로 말미암은 것인가? 아니면 사람으로 말미암은 것인가? 자신의 복음이 자신에게 어떤 의미인지 자신의 말로 소개하는 시간을 가지라(참고 롬1:16).

|다짐하기|

11. 복음이 자신에게 영향을 미친 점 세 가지를 적고, 하나님께 감사하는 편지를 써서 발표하는 시간을 가지라.

①
②
③

<하나님께 감사편지>

|관점얻기|

바울이 전한 복음

'사람의 뜻을 따라 (NASB, according to man)'라는 의미는 자신의 복음이 사람이 아니라 오직 예수 그리스도의 계시(말씀)로 말미암은 것임을 강조한다(12절). "우데...우테(~도 아니요 ~도 아니요)" 구문의 이중 부정을 통해 이 복음의 신적 출처를 강조하고 있다. 16절 역시 "나는 즉시로 혈육과 의논하지 않았다(KJV, immediately I conferred not with flesh and blood)'라는 말은 주님을 만나고 이방 선교의 명령을 받은 직후 바로 아라비아로 갔다는 의미다(16,17절). 그 후 3년을 아라비아에 있었고, 예루살렘에도 15일 정도 밖에 있지 않기 때문에 그들에게 배운 것이 아니라고 말한다(18,19절). 11~24절까지는 바울이 전한 복음과 사도직이 사람에 의해서 배우거나 얻은 것이 아니라는 사실을 설명하는 내용으로 되어 있다.

아라비아에서 삼 년 만에

여기서 '삼 년 만에'는 두 가지로 해석되는데, 첫째는 바울이 회심하고 나서 삼 년이 지났다는 해석이고, 둘째는 아라비아에서 다메섹으로 다시 돌아온 후 삼 년이 지났다는 해석이다. 전체적인 문맥(자신의 복음이 사람에게서 난 것이 아님을 피력하는 문맥)으로는 회심한 후 삼 년으로 보는 것이 더 타당해 보인다. 예수의 제자들처럼 바울은 삼 년 동안 아라비아에서 예수님의 제자로서의 훈련을 받았다고 볼 수 있다. 아마 이 기간은 사도행전 9장 22절과 23절 사이의 기간 일 것이며, 사도행전 9장 23절에는 이 기간을 '여러 날'로 표현하고 있다(옥스포드원어성경대전). 그러므로 바울의 복음은 앞선 사도들에게 배운 것이 아닌 것이다.

십오 일 후에 수리아와 길리기아로

바울이 예루살렘에 올라가서 게바(베드로)와 야고보를 만난 기간은 불과 15일이다(18절). 그리고 그 후에는 바로 수리아와 길리기아 지방으로 갔다(21절). 15일 만에 바울이 전하고 있는 그 광대한 복음을 배울 수는 없는 노릇이다. 바울이 십오 일 후에 수리아와 길리기아 지방으로 갔다는 사실을 언급하는 것은 역시 다른 사도들의 수업에 의해 복음을 알게 된 것이 아니라는 사실을 강조하는 것이다(Hendriksen, Ridderbos). 바울은 12절에서 말한 대로 오직 예수 그리스도의 계시로 받은 복음임을 강조한다.

얼굴로는 알지 못하고

그 당시 유대의 교회들은 바울의 얼굴조차도 알지 못했다(22절). 그들이 알고 있었던 것은 '박해하던 자가 변하여 이제는 예수의 믿음을 전하는 자가 되었다'는 정도였다(23절). 그래서 그 소식만 듣고 하나님께 영광을 돌리는 상황이었다(24절). 이런 사실을 기록하는 것 역시 바울이 자신보다 먼저 된 사도들에게 복음을 배우거나 얻어서 전하는 것이 아님을 입증한다. 바울은 다른 복음을 전하는 자들이 '바울이 전한 복음은 사람에게서 배워서 전한 것'이라고 사도직과 복음을 변질시키는 상황에 대해 반복해서 변론하고 있다.

복음을 받은 자의 특징

첫 번째는 과거의 삶을 재해석한다(13,14절). 바울은 유대교에 열심이었던 자신의 모습을 후회하고, 과거의 사랑 역시도 배설물로 여기게 되었다(빌3:8). 두 번째는 과거 하나님의 섭리를 발견하게 된다(15절). 복음을 접한 바울은 어머니의 태에서부터 하나님께서 자신을 택하셔서 그의 은혜로 부르셨다는 사실을 발견하게 된다. 세 번째는 오직 하나님과의 교제만을 사모하게 되었다(16,17절). 바울은 다메섹에서 예수를 만나고 난 후 바로 아라비아로 가서 삼 년 동안 예수님과의 깊은 교제의 시간들을 가지게 된다.

|청년 자기 체크리스트|

아래의 체크리스트를 가지고 오늘 소그룹 모임에 임한 자신의 태도를 충분히 점검해 보라.

점검 사항		5	4	3	2	1
준비 및 예습	본 과를 준비하면서 충분히 예습은 하였는가					
	각 과의 분명한 목적은 알고 모임에 임했는가?					
	성령께서 나를 만지시도록 기도로 준비하였는가?					
	소그룹원들을 위해서 중보하였는가?					
	리더를 위해서 중보하였는가?					
	나를 변화시키실 하나님을 기대하는 마음으로 임했는가?					
참여 및 자세	적극적으로 질문과 대답에 참여했는가?					
	정직하게 자신을 오픈했는가?					
	지체들의 발표에 사랑하는 마음으로 공감적 경청을 하였는가?					
	모임 중 성령의 인도하심을 계속적으로 기도했는가?					
	하나님께서 원하시는 것이 무엇인지 분명히 알았는가?					
	발견된 진리를 삶과 인격에 적용하기로 결단했는가?					
	이번주에 중보할 지체를 발견했는가?					
적용 및 결단	삶과 인격 변화를 위한 이번주 자신의 적용은 구체적인가?					
	배운 내용이 삶의 상황에 분명히 적용되었는가?					
	소그룹 모임에 대한 만족감이 있었는가?					
	배운 내용을 분명하게 정리했는가?					
	이번 과의 주제와 목적을 분명히 알게 되었는가?					
	삶과 인격의 변화를 위해 기도할 준비가 되어 있는가?					
평가	이번주 총점					

"그러므로 내 사랑하는 형제들아 견실하며 흔들리지 말고 항상 주의 일에 더욱 힘쓰는 자들이 되라 이는 너희 수고가 주 안에서 헛되지 않은 줄 앎이라" (고전 15:58)

- 이번주 생일자는?
- 이번주 소그룹 특이 사항은?
- 다음주 청년부 행사는?
- 다음주 전도할 대상은?
- 이번 달 암송 구절과 필독서는?

3과
도전을 이기고 일관되게 사는 법

갈라디아서 2장 1~10절

세상에서 가장 위대한 삶은 어떤 삶이라고 생각하는가?
많은 사람에게 칭송을 듣는 삶,
아무도 이루지 못한 일을 해 내는 삶,
모두를 위해 희생하는 삶,
이 모두는 다 나름대로 위대한 삶이다.
사람들은 이런 삶을 추구하고 희망한다.
남보다 생산적이고, 남보다 우위에 서는 삶을
사람들은 뛰어난 삶, 위대한 인생이라고 생각한다.
신앙생활에 있어서는 어떤 삶이 위대한 삶일까?
여러 가지로 정의할 수 있지만
바울과 같은 일생을 산다면 위대한 삶이 아닐까?
바울의 삶은 초지일관(初志一貫)된 삶이었다.
처음부터 끝까지 복음에 헌신된 삶이었다.
우리에게 다가오는 많은 도전들을 이기고
어떻게 하면 바울과 같은 일관된 삶을 살 수 있을까?

말씀암송 | 에베소서 4장 32절

서로 친절하게 하며 불쌍히 여기며 서로 용서하기를 하나님이
그리스도 안에서 너희를 용서하심과 같이 하라

|다가서기|

1. 자신이 가장 오랫동안 일관되게 해 온 일 한 가지를 소개해 보라. 왜 그렇게 오랫동안 해 왔는지를 함께 나누라.

애완동물 키우기	자전거 타기	온라인 게임
맛집 투어	등산	연애
웹툰 보기	TV 뉴스 시청	기타

2. 당신이 생각하는 일관된 삶의 비결은 무엇인가? 각자가 생각하는 일관된 삶을 살기 위한 비결을 하나씩 나누어 보라.

|깊이보기|

본문은 바울이 세 번째로 예루살렘에 방문했을 때의 일을 다루고 있는 듯하다. 갈라디아 교회 안에 들어온 유대교 율법주의로 믿음뿐만 아니라 할례와 율법 준수도 구원 받음의 조건이라는 사고가 팽배해 짐에 따라 할례와 율법의 무가치함을 드러내기 위해 예루살렘 공의회에 참석한 것으로 봐진다. 바울은 자신의 사도직에 대한 권위를 드러내며, 유대인 유력자 사도들과 지도자들이 바울이 이방인들에게 전한 복음에 그 어떠한 부가 사항을 덧붙인 적이 없음을 피력하며 복음의 진리를 변증한다.

3. 바울이 예루살렘을 방문한 후 14년 만에 다시 올라간 예루살렘은 누구와 무슨 이유 때문에 방문한 것 같은가?(1,2절)

4. 바울이 헬라인이었던 디도를 할례를 받지 않게 한 것으로 미루어 보아 갈라디아 교회의 문제는 어떤 문제였다고 볼 수 있는가?(3절)

5. 바울은 할례와 율법 준수가 구원 받음의 조건이 된다고 주장하는 사람을 어떻게 묘사하고 있는가? 그들의 목적 두 가지는 무엇인가?(4절)

6. 바울의 표현을 따르면, 사탄은 우리를 처음부터 공격하고 핍박하는 존재가 아니라 '엿보는 자(자유를)'임을 알 수 있다(4절). 이 말의 의미가 무엇인지 자신의 말로 나누어 보라.

7. 바울은 거짓 형제들이 가만히 들어온 또 하나의 이유를 '종으로 삼고자 함'이라고 말한다(4절). 이 말의 의미는 무엇이라고 생각하는가?

8. 8,9절은 바울이 '구원은 믿음으로 받는 것이며 그 외에 다른 것은 필요치 않다'는 사실을 계속해서 말하는 부분이다. 자신의 말로 정리해 보라(8,9절).

9. 바울은 신앙을 변질시키는 이런 도전들 속에서도 무려 20여 년 동안이나 일관되게 복음을 전했다. 바울이 말하는 이 일관된 삶의 비결은 무엇인가?(5절)

10. 신앙생활 속에서 당신에게 다가오는 도전들은 어떤 것들인가? 그것을 이기고 일관된 삶을 살기 위해서 당신은 어떻게 하나님의 말씀을 가까이 하는가?(딤후3:16,17)

|다짐하기|

11. 복음의 진리를 항상 가까이 하기 위해서 당신이 할 수 있는 구체적이고, 실현 가능한 계획 세 가지를 세우고, 그룹원들에게 나누어 보라.

첫째 계획

둘째 계획

셋째 계획

|관점얻기|

바나바와 디도와 함께 예루살렘으로

바울은 14년 뒤에 다시 예루살렘으로 올라갔다(1절). 그 이유는 할례와 율법이 아니라 믿음만으로 구원 얻을 수 있다는 사실을 확실히 하기 위해서이다. 바울은 예루살렘을 총 다섯 번 정도 방문했는데, 연대기적으로나 문맥적으로 이 방문은 세 번째 방문인 예루살렘 총회 때인 것으로 봐진다(옥스포드성경대전). 이런 공식적인 자리에서 할례에 대한 문제를 다루기 위해서일 것이다. 그때 바울은 '권위자(權威者)'라는 이름의 뜻을 지닌 구브로 출신의 레위인 바나바와(행 4:36) 헬라인으로 할례가 없는 그리스도인이었던 디도를 데리고 간다. 이들과 함께 예루살렘으로 올라간 것은 구원 얻는데 믿음 이외에 다른 것은 필요하지 않다는 사실을 천명하기 위해서이다.

자유를 엿보는 자들

바울은 갈라디아 교회에 들어온 율법주의자들을 "가만히 들어온 거짓 형제들(4절)"이라고 명명한다. 이들의 목적은 두 가지다. 첫 번째는 그리스도 예수 안에서 우리가 가진 자유를 엿보는 것이다. 원래 우리는 죄와 사망이라는 '귀신에 사로 잡혀 벗은 몸으로 광야를 뛰어다니는 광인(狂人)'과 같아서 자유가 없었다. 그런데 주께서 죄와 사망을 대신하심으로 놓여 자유하게 되었다. 이제 사탄은 우리의 주인이 아니다. 하지만 끊임없이 다시 이 자유를 빼앗아 가고자 엿보는 것이다. 그래서 우리가 범죄함과 시험 당함으로 좌절할 때, 하나님의 말씀에서 떨어져 나가 낙심할 때 우리를 공격하거나 회유한다. 할례와 율법이 필요하다고 말한다.

그렇기 때문에 믿음만 가지고 구원 받지 못한다고 말한다.

종으로 삼고자 하는 자들

둘째는 다시 그 자유를 빼앗아 종으로 삼고자 하는 것이다. 복음이 주는 참 자유를 잃으면 은혜 속에서 일관되게 살 수 없고, 우리에게 주어진 자유가 속박처럼 느껴지게 된다. 기차는 철로 위를 달릴 때 자유한 것처럼, 그리스도인은 진리의 말씀대로 살 때 자유한 것이다. 기차가 철로를 이탈한 것이 재앙이듯, 그리스도인이 말씀을 이탈한 것은 일탈이나 자유가 아니라 재앙이 된다. 마치 마귀가 슬며시 들어와 악의 씨앗을 뿌리듯(마13:25) 슬며시 성도들에게 들어와 복음을 거스르는 율법주의를 뿌린 것과 같다.

유력자들에게 복음을 제시함

바울이 예루살렘으로 올라간 이유는 계시를 따라 한 것이다(2절). '계시를 따라(카타 아포칼륍신)' 바울은 자신이 전한 복음을 교회에 제시했고, 유력자들에게는 따로 '사사로이(카트 이디안)' 제시하기도 했다. 이는 바울이 전한 복음이 유력자들인 사도들이 전한 것과 다르지 않다는 사실을 드러내기 위한 강조다. 구원을 위해 할례나 율법 준수는 필요치 않음을 다시 한 번 천명한 것이다. '유력자'들은 그 당시 예루살렘 교회의 지도자들이었던 야고보와 베드로(게바)와 요한을 지칭하는 말이다(9절). '유력자'에 대해 바울은 한편으로는 자신의 사도직이 이들과 다르지 않다는 권위를 주장하는 긍정적 의미로, 또 다른 한편으로는 그런 그들이라도 할례와 관련된 잘못된 행동을 했다는 부정적 의미로 사용한다(11~14절). 유력자들이 바울에게 부탁한 것은 '가난한 자들을 돌보는 것' 뿐이었고, 이는 바울이 원래 열심히 행하고 있는 바였다(10절).

일관된 삶의 비결

1절에서 말하는 '14년 후'는 바울의 회심 후 14년이 아니라 1장18절에서 말하고 있는 예루살렘 첫 방문 후 14년이다. 그러므로 14년은 회심 후 17년에서 20년 후가 되는 셈이고, 바울은 거의 20년이 다 되도록 이방인들에게 복음을 전하는 일관된 삶을 살고 있는 것이다. 바울이 이렇게 오랜 시간 시종일관 복음을 전파하는 전도자로 달음질할 수 있었던 이유는 바로 하나님의 계시, 말씀 때문이었다(2절). 바울은 이 사실을 '복음의 진리가 항상 함께 했다'라는 말로 묘사한다(5절). 이것이 바울의 일관된 삶의 비결이다. 바울은 이것을 고스란히 갈라디아 교회 성도들에게도 제안하고 있다. 우리에게 꾸준한 은혜의 삶이 없는 이유는 하나님의 계시의 말씀에 근거한 삶을 살지 않기 때문이다.

|청년 자기 체크리스트|

아래의 체크리스트를 가지고 오늘 소그룹 모임에 임한 자신의 태도를 충분히 점검해 보라.

점검 사항		5	4	3	2	1
준비 및 예습	본 과를 준비하면서 충분히 예습은 하였는가					
	각 과의 분명한 목적은 알고 모임에 임했는가?					
	성령께서 나를 만지시도록 기도로 준비하였는가?					
	소그룹원들을 위해서 중보하였는가?					
	리더를 위해서 중보하였는가?					
	나를 변화시키실 하나님을 기대하는 마음으로 임했는가?					
참여 및 자세	적극적으로 질문과 대답에 참여했는가?					
	정직하게 자신을 오픈했는가?					
	지체들의 발표에 사랑하는 마음으로 공감적 경청을 하였는가?					
	모임 중 성령의 인도하심을 계속적으로 기도했는가?					
	하나님께서 원하시는 것이 무엇인지 분명히 알았는가?					
	발견된 진리를 삶과 인격에 적용하기로 결단했는가?					
	이번주에 중보할 지체를 발견했는가?					
적용 및 결단	삶과 인격 변화를 위한 이번주 자신의 적용은 구체적인가?					
	배운 내용이 삶의 상황에 분명히 적용되었는가?					
	소그룹 모임에 대한 만족감이 있었는가?					
	배운 내용을 분명하게 정리했는가?					
	이번 과의 주제와 목적을 분명히 알게 되었는가?					
	삶과 인격의 변화를 위해 기도할 준비가 되어 있는가?					
평가	이번주 총점					

"그러므로 내 사랑하는 형제들아 견실하며 흔들리지 말고 항상 주의 일에 더욱 힘쓰는 자들이 되라 이는 너희 수고가 주 안에서 헛되지 않은 줄 앎이라" (고전 15:58)

- 이번주 생일자는?
- 이번주 소그룹 특이 사항은?
- 다음주 청년부 행사는?
- 다음주 전도할 대상은?
- 이번 달 암송 구절과 필독서는?

4과
복음의 핵심아, 너를 붙들리라!

갈라디아서 2장 11~21절

공부를 잘 하는 학생과 공부를 잘 못하는 학생의 차이점은
생각보다 다양하다.
하지만 보편적인 특징을 꼽으라고 한다면
그것은 아마도 '핵심을 정확히 파악하느냐 하지 못하느냐'일 것이다.
핵심을 파악하는 것은 공부하는 내용의 뼈대를 갖추는 것과 같다.
그래서 어려운 내용이 나와도 그 뼈대에 살을 붙이는 것이라
그리 어렵지 않게 된다.
핵심을 파악하고 있지 못하면
어려운 내용이 나올 경우 금방 혼란에 빠지게 된다.
복음도 마찬가지다.
복음의 핵심을 정확히 아는 것은
다른 복음의 다양하고 애매한 도전들을 분간하는데
핵심적이고 필수적인 사안이다.
다른 복음의 도전들 앞에서
바울이 전하는 복음의 핵심은 무엇인지 확인해 보자.

말씀암송 | 누가복음 6장 45절

선한 사람은 마음에 쌓은 선에서 선을 내고 악한 자는 그 쌓은 악에서 악을 내나니 이는 마음에 가득한 것을 입으로 말함이니라

|다가서기|

1. 어떻게 하면 이성교제를 잘 할 수 있을지 나누어 보라. 자기만의 노하우가 있다면 그룹원들에게 공개하라.

2. 당신이 생각하는 복음의 핵심을 한 문장으로 말해 보라. 왜 그렇게 생각하는지도 나누어 보라.

"복음이란 ______________________________이다."

|깊이보기|

본문은 바울이 과거 예루살렘에 올라갔을 때 베드로를 책망한 사건을 회상하는 장면이다(11~14절). 이런 내용들을 갈라디아 교회에 전달하는 것을 통해 사도의 권위를 실추시키려는 것이 아니라 '율법주의의 잔재가 얼마나 무서운가?'를 드러내려고 한다. 전재해 있는 잘못된 가치 기준과 전통이 복음을 변질시킬 수 있다는 사실을 직시하게 하려는 것이다. 그러면서 바울은 복음의 핵심 가치인 '이신득의(以信得義)'의 절대성과 확실성을 강조하며, 결코 율법주의로 회귀해서는 안 된다는 사실을 피력(披瀝)한다(15~21절).

3. 바울이 예루살렘에서 게바(베드로)를 책망한 이유는 무엇인지 자신의 말로 설명해 보라(12,13절).

4. 바울이 베드로를 책망한 내용을 구체적으로 정리해 보라(14절).

5. 우리 속에 있는 인간 본성의 율법주의 혹은 종교적 본능은 끈질기게 우리를 복음에서 벗어나게 한다. 내 속에 있는 율법주의적 사고나 종교적 본능은 어떤 것이 있는지 나누어 보라.

6. 흔히 16절은 복음의 핵심이라고 한다. 16절을 다시 한 번 읽고, 복음의 핵심을 자신의 말로 정의해 보라(16절, 롬1장16절).

7. 바울은 이 복음의 절대성과 확실성을 강조하기 위해서 어떻게 묘사하고 있는가? 그것이 당신에게 시사하는 바는 무엇인가?(19절)

8. 복음을 진심으로 깨달은 바울은 자신을 더 적극적으로 어떻게 묘사하고 있는가?(20절) 당신도 이 고백에 전적으로 동의하는가? 그렇지 못하다면 그 이유는 무엇인가?

"내가 그리스도와 함께 □□□ 에 못 박혔나니

그런즉 이제는 □□ 사는 것이 아니요

오직 내 안에 □□□□ 께서 사시는 것이라

이제 내가 □□ 가운데 사는 것은

나를 □□ 하사 나를 위하여 자기 자신을 버리신

하나님의 □□ 을 믿는 □□ 안에서 사는 것이라”

그리스도	사랑	십자가	믿음	내가	아들	육체

9. ‘그리스도와 함께 십자가에 못 박혔다’는 말은 무슨 뜻이라고 생각하는가? 십자가에 못 박힌 바울이 이제는 믿음 안에서 산다는 고백의 의미를 생각하면서 자신에게 적용해 보라.

10. 바울은 다시 한 번 의롭게 되는 것이 무엇에 의한 것이라고 단정하는가? 그것은 무엇으로 말미암아 주어진 것인가?(21절)

① 다이어트로 말미암은 건강함으로

② 목사님으로 말미암은 식사초대로

③ 그리스도의 십자가로 말미암은 은혜로

④ 생명으로 말미암은 참사랑으로

11. 당신은 십자가로 말미암은 은혜를 통해 믿음이 주어졌고, 그 믿음으로 구원을 얻는다는 것을(신앙의 핵심) 믿는가? 그렇다면 그 믿음을 그룹원들에게 진심을 담아 진지하게 발표해 보라.

|다짐하기|

12. 복음의 핵심을 자신의 말로 정리하고 하나님께 감사의 편지를 써보라.

|관점얻기|

책망 받은 베드로

수리아 안디옥에서 베드로가 바울에게 책망을 들었다(11절). 그 이유는 베드로가 이방인과 식사를 하다가 야고보가 사역하는 교회에서 유대인들이 온다는 소식을 듣고 그 자리를 피해버렸기 때문이다(12절). 유대인은 이방인과 식사하지 않는 전통 때문이었다. 이 일 때문에 유대인 그리스도인들, 즉 유대교에서 개종하여 이방인과 함께 신앙생활하던 사람들과 이방 선교의 기둥인 바나바까지도 외식에 유혹이 되었다(함께 이끌려 갔다)(13절). 그래서 "율법으로부터 자유하여 살면서 어찌 이방인들을 오히려 율법에 얽매이는 자로 만들려고 하는가?" 라는 질책을 들은 것이다. 베드로가 질책을 들었다면 우리 모두에게도 이러한 질책은 필요한 것이다. 우리에게 필요한 질책은 하나님의 말씀이며, 복음이며, 진리의 기준이다. 이런 말씀의 질책이 우리를 교훈하고, 책망하고, 바르게 하며, 의로 교육하여 하나님의 사람으로 세운다.

의식하지 못하는 우리의 숨은 주인

게바(베드로)는 제자의 모델이었고, 예루살렘 교회의 지도자였다. 사도행전 10장 9-23절에서 베드로는 정한 것과 부정한 것이 없다는 보자기 환상을 보았고, 이방인 고넬료가 성령을 받는 것을 직접 목격한 사람이다. 그런 베드로가 유대인들 앞에서 복음의 진리를 따라 바르게 행하지 못했다(14절). 바나바 역시 바울과 마가라는 걸출한 사역자를 세운 이방 선교의 기둥이었지만 그 역시도 베드로의 잘못된 행동에 영향을 받았다. 우리 중 그 누구도 율법주의에서 자유로울 수 없다. 종교적 율법주의는 인간의 본성인지도 모른다. 때로 율법주의는 우리의 양심으로, 문화로, 전통으로 다가온다.

그리스도를 죄의 조장자 되게 하는 것

의롭게 되는 것이 행위로 되는 것이면 '그리스도를 믿음으로 의롭게 된다'고 말한 사람들은 다 죄인이다. 그러면 그리스도가 그렇게 한 것이기 때문에 '그리스도가 죄를 짓게 하는 자'가 되는 것이다(17절). 우리가 행위로 의롭게 되려는 것은 범죄와 같다. 구원의 방법은 영원토록 변함이 없다. 오직 그리스도를 믿음으로만 구원 얻는다. 그러므로 우리의 행위 때문에 좌절하거나 낙담할 때 오히려 더 하나님께 믿음으로 나아가고 그 믿음으로 구원 얻게 하심을 감사하는 삶을 살아야 한다.

나를 범법한 자로 만드는 것

18절에서 말하는 '헐었던 것'은 행위로 의롭게 된다는 율법이다. 바울이 이것을 다 헐고 예수를 믿음으로 의롭게 된다고 했는데, 다시 율법 아래로 간다면 그것은 스스로를 죄인으로 만드는 행위이다. 그리스도의 속죄를 믿는 믿음을 저 버리는 것이 스스로를 죄인으로 만드는 것이다. 그리스도의 속죄를 불신하게 하는 죄책감, 양심의 소리, 분노 등의 요소들을 반복적으로 믿음 아래로 끌어와 부복시키는 것이 믿음 생활이다. 궁극적인 범죄는 죄를 짓는 행위가 아니라 믿음을 저버리는 행위다. 우리가 구원받지 못하는 이유는 죄를 지어서가 아니라 죄용서를 받아들이는 믿음을 저버렸기 때문이다.

율법에 대하여 죽는 것

유대인에게 가장 강력한 고정관념은 율법이다. 바울은 유대인이었고, 율법을 강하게 배운 사람이라서 '율법'이라는 고정관념으로부터 벗어나는 것이 어려웠다. 그래서 바울은 예수를 믿고 나서 "내가 율법을 향하여 죽었다"는 표현을 쓴다(19절). 우리는 세상적인 고정관념을 향하여 죽어야 한다. 체면, 자존심, 세상 친구와 공유되는 잘못된 가치관 등을 내 속에서 죽여야 한다. 세상적인 것이 내 속에 살아 있는 한 하나님을 향하여 살 수 없다. 율법으로 대변되는 세상의 고정관념을 처리하지 않으면 내 속에 하나님은 죽고 세상만 살게 될 것이다.

복음의 핵심

사람이 의롭게 되는 것은 율법의 행위가 아니라 오직 예수 그리스도를 믿음으로 가능한 것이다. 이것이 복음의 핵심이다(16절). '의롭게 되는 것(디카이우타이)'은 신적 수동태로, 우리의 능동적인 행위가 아니라 하나님에 의해서 주어지는 개념임을 천명한다. 뿐만 아니라 '의롭게 되다'는 말은 명사로 쓰이든 형용사로 쓰이든 항상 법정적 의미를 지닌다. '의롭게 만들다'가 아니라 '의롭다고 선언하다'라는 의미다. '의롭다' 하시는 하나님의 최종적 판결은 '율법을 준수하는 행위'가 아니라 '예수 그리스도를 믿음'으로 주어진다. 이것이 믿음의 법이다(롬3:27). 그래서 바울은 20절의 위대한 고백을 하는 것이다.

|청년 자기 체크리스트|

아래의 체크리스트를 가지고 오늘 소그룹 모임에 임한 자신의 태도를 충분히 점검해 보라.

	점검 사항	5	4	3	2	1
준비 및 예습	본 과를 준비하면서 충분히 예습은 하였는가					
	각 과의 분명한 목적은 알고 모임에 임했는가?					
	성령께서 나를 만지시도록 기도로 준비하였는가?					
	소그룹원들을 위해서 중보하였는가?					
	리더를 위해서 중보하였는가?					
	나를 변화시키실 하나님을 기대하는 마음으로 임했는가?					
참여 및 자세	적극적으로 질문과 대답에 참여했는가?					
	정직하게 자신을 오픈했는가?					
	지체들의 발표에 사랑하는 마음으로 공감적 경청을 하였는가?					
	모임 중 성령의 인도하심을 계속적으로 기도했는가?					
	하나님께서 원하시는 것이 무엇인지 분명히 알았는가?					
	발견된 진리를 삶과 인격에 적용하기로 결단했는가?					
	이번주에 중보할 지체를 발견했는가?					
적용 및 결단	삶과 인격 변화를 위한 이번주 자신의 적용은 구체적인가?					
	배운 내용이 삶의 상황에 분명히 적용되었는가?					
	소그룹 모임에 대한 만족감이 있었는가?					
	배운 내용을 분명하게 정리했는가?					
	이번 과의 주제와 목적을 분명히 알게 되었는가?					
	삶과 인격의 변화를 위해 기도할 준비가 되어 있는가?					
평가	이번주 총점					

"그러므로 내 사랑하는 형제들아 견실하며 흔들리지 말고 항상 주의 일에 더욱 힘쓰는 자들이 되라 이는 너희 수고가 주 안에서 헛되지 않은 줄 앎이라" (고전 15:58)

- 이번주 생일자는?
- 이번주 소그룹 특이 사항은?
- 다음주 청년부 행사는?
- 다음주 전도할 대상은?
- 이번 달 암송 구절과 필독서는?

5과
믿음아, 넌 나에게 뭘 주니?

갈라디아서 3장 1~14절

세상의 모든 결과는 과정이 있는 법이다.
합격은 열심히 한 공부를 통해서고
건강은 잘 관리한 식생활과 운동 때문이고
결혼은 서로 존중하며 이어 온 교제 때문이다.
구원이라는 결과도 과정이 있다.
그 과정이란
복음을 먼저 믿은 사람이
복음을 전하는 것이고
전하는 그 복음을 듣는 것이고
듣고 마음으로 믿는 것이고
믿을 때 비로소 의를 부여 받는다.
하나님이 부여하신 의를 가진 자만이 구원을 받는다.
하지만 결과와 모든 과정은 인간의 노력으로 주어지는 것이 아니다.
믿는 것 역시 하나님의 은총 아래에서
하나님께서 허락하실 때만 가질 수 있는 것이기 때문이다.
바울은 구원은 행위가 아니라 믿음으로만 얻을 수 있다고 말한다.
우리의 노력이 아니라 하나님의 은총으로만이다.
바울은 이 사실을 얼마나 강조하고 있는지 확인해 보자.

말씀암송 | 누가복음 6장 45절

선한 사람은 마음에 쌓은 선에서 선을 내고 악한 자는 그 쌓은 악에서 악을 내나니 이는 마음에 가득한 것을 입으로 말함이니라

|다가서기|

1. 지금의 당신이 어떻게 만들어 졌는지, 어떤 점에서 다른 사람과 다른지 그룹원들에게 소개해 보라.

2. 당신은 어떻게 구원을 얻는다고 생각하는가? 구원을 얻는데 가장 방해가 되는 것은 무엇이라고 생각하는가?

|깊이보기|

1-5절까지에서 바울은 갈라디아 교인들이 율법으로 다시 돌아가는 것을 우려하여 믿음에 근거하여 성령이 주어짐을 말한다. 6-9절까지는 이신득의 원리의 정당성과 역사성을 규명하고 있으며, 이신득의 사상은 모세를 통해 율법을 주시기 전 아브라함 때부터 계시된 진리임을 강조한다. 아브라함의 믿음에 초점을 갖고 말하는 이유는 율법주의자들이 '자신들이 아브라함의 후손'이라고 하는 육신적 혈통을 구원의 조건으로 말하고 있었기 때문이다. 10-14절까지는 율법의 행위에 속한 자들이 저주 아래 있음과 대조하여 그리스도를 믿는 자는 아브라함의 복을 받게 된다는 사실을 변증한다.

3. 바울이 갈라디아 교인들을 어리석다고 한 이유는 두 가지다. 첫 번째 이유는 무엇인가?(1,2절)

4. 갈라디아 교인들을 어리석다고 지적한 두 번째 이유는 무엇인가?(3~5절)

5. 아브라함은 무엇으로 말미암아 하나님께 의롭다함을 받았는가?(6절) 아브라함의 자손은 어떻게 결정되며, 이 말의 의미는 무엇이라고 생각하는가?(7절)

6. 당신은 영적인 아브라함의 자손인가? 그렇게 생각하는 이유는 무엇이고, 그렇지 않다면 그 이유는 무엇인가?

7. 하나님은 이방에 '믿음으로 구원을 얻는다'는 사실을 전하기 위해 어떤 일을 하셨는가? 이로 인해 이방인이 받는 복은 어떤 복이라고 생각하는가?(8,9절)

8. 바울은 믿음이 아니라 율법의 행위로 구원 받려고 하는 자들은 저주 아래 있다고 했다. 그 두 가지 이유가 무엇인지 찾아보라(10,11절).

- 첫 번째 이유(10절):
- 두 번째 이유(11절):

9. 당신은 율법적으로 신앙생활 하다가 좌절한 적이 있는가? 그때의 경험과 그 일로 받은 교훈이 있다면 나누어 보라.

10. 예수께서 우리를 율법의 저주에서 속량하시기 위해서 하신 일은 무엇인가? 당신은 정말로 이 사실을 믿는가?(13절)

11. 속량의 증거로 우리에게 주어지는 것이 무엇인가? 이것은 무엇으로 말미암아 주어지는지, 그리고 내게 그것이 주어진 증거는 무엇인지 나누어 보라(14절).

|다짐하기|

12. 아직 믿음이 없는 초신자 지체에게 '믿음이란 이런 것'이라고 하는 편지를 써서 전달하고, 다음 주에 반응이나 답장을 받아와서 나누어 보라.

|관점얻기|

어리석은 사람

바울이 말하는 어리석은 사람은 그의 믿음을 삶에 적용하지 않는 사람이다. 어리석은 사람은 첫째, 죄용서는 예수의 십자가를 믿음으로 주어지는 것임을 알면서도 계속해서 용서를 받기 위해 행위로 노력하는 사람이다(1,2절). 우리 죄를 위해 예수가 십자가에 못 박히신 것을 확실히 알면서도 행위로 의롭게 되려는 노력을 하는 사람이 어리석은 사람이다.

둘째는 성령의 약속이 믿음에 의해 주어졌는데, 여러 이설(異說)로 흔들려 행위로 구원을 이루려고 하는 사람들이다(3,4절). 성령을 받은 것은 행위가 아니라 믿음 때문이다(5절). 이 믿음은 들음으로써 갖게 된 것이다. 십자가를 듣고 믿으면 성령의 역사를 경험하게 된다. 그러므로 경험이 먼저가 아니라 들음이 먼저다. 듣기를 소홀히 하는 자가 어리석은 자인 것이다.

아브라함을 통한 믿음의 의

'하나님이 주시는 의'는 행위가 아니라 믿음에 의해서다(6절). 오직 믿음에 속한 자만이 아브라함의 복 아래 있게 된다(7절). 그 이유는 첫째는 아브라함을 통해 믿음으로만 의롭다함을 받는다는 사실을 알리셨기 때문이고, 둘째는 이 의의 복이 아브라함을 통해서 이방에 전해지도록 하셨기 때문이다. "먼저 아브라함에게 복음이 전해졌다"는 말은 아브라함 역시 그리스도를 믿음으로 구원 얻을 것을 믿었다는 말이다(8절). 그래서 예수님은 '아브라함도 나의 때 볼 것을 즐거워하다가 보고 기뻐하였다(요:56)'라고 말씀하신 것이다. 이는 구약과 신약을 연결하는 결정적인 진술이며, 구약과 신약 모두 '예수 그리스도를 믿음으로 구원 얻는다'는 구속사적 진리를 일관되게 확증하는 것이다. 오직 믿음을 통해서만 의롭다 하심을 받을 수 있다(11절, 롬1:17).

율법의 행위에 속한 자의 저주

하지만 반대로 율법 행위에 속한 자는 복이 아니라 저주 아래 거하게 된다(10절). 이는 신명기 27장26절을 인용한 것으로 "율법의 행위에 속한 자"란 "믿음으로 말미암은 자"의 반대 의미로 행위로 구원받는다는 사실을 믿는 사람을 의미한다. 이들이 다 저주 아래 있는 이유는 첫째는 기록된 율법대로 행하지 않으면 저주가 임하기 때문이고(10절), 둘째는 율법을 다 지킬 수 있는 사람은 세상에 없기 때문이다(11절, 신27:26). 모든 사람은 율법 아래 있다. 고로 필연 저주를 받게 되어 있었지만 그리스도께서 우리를 대신해서 이 저주를 받으셨다(13절). 바울은 이것을 '속량하다(엑사고라조)'라는 말로 묘사한다. 속량하신 이유는 우리에게 하나님의 의를 선물하시기 위해서다(고후5:21).

성령의 약속을 받게 하려고

예수가 우리 대신에 죄 값을 지불하고 죽어 우리가 의롭게 되었고 구원받게 된 것이다. 죽으신 그분은 다시 3일 만에 부활하셔서 약속대로 성령을 보내셨다(14절). 예수가 죽은 사인(死因)은 과다출혈로 인한 질식이 아니라 우리의 죄 때문이다. 그가 우리의 죄를 대신 지시고 십자가에서 그 대가를 지불하신 복음을 듣고 믿는 자마다 성령의 약속을 받게 된다(롬10:14~17). 행위가 아니라 믿음으로 의롭다 하심을 받는 것이고, 그 확증이 성령의 임재다. 이 성령의 약속은 이미 구약에서 여호와 하나님의 약속으로 주어진 것을(겔36:25,26, 욜2:28) 그리스도께서 공생애 사역을 통해 확증하셨고(요14:16), 부활 후 최종적으로 보내신 것이다(행2:16,17). 성령의 임재는 하나님의 성령의 약속의 성취인 것이다.

바울이 믿음으로의 구원을 강조한 이유

바울이 이처럼 구원이 행위로 이뤄지지 않고 믿음으로 이뤄진다는 것을 강조한 것은 그의 경험에서 우러나온 것이다. 바울은 구원을 얻기 위해 한 것이 하나도 없다. 오히려 그리스도인들을 잡아 가두고 죽이는 일에 앞장섰다. 그럼에도 불구하고 예수님께서는 다메섹 도상에서 바울을 만나주셨고 복음 전하는 사도로 세워주신 것이다. 이렇게 되기까지 바울이 노력한 것은 하나도 없었다. 그래서 바울은 구원이 전적으로 은혜에 의한 믿음으로 주어진다는 것을 누구보다 강조한 것이다.

|청년 자기 체크리스트|

아래의 체크리스트를 가지고 오늘 소그룹 모임에 임한 자신의 태도를 충분히 점검해 보라.

점검 사항		5	4	3	2	1
준비 및 예습	본 과를 준비하면서 충분히 예습은 하였는가					
	각 과의 분명한 목적은 알고 모임에 임했는가?					
	성령께서 나를 만지시도록 기도로 준비하였는가?					
	소그룹원들을 위해서 중보하였는가?					
	리더를 위해서 중보하였는가?					
	나를 변화시키실 하나님을 기대하는 마음으로 임했는가?					
참여 및 자세	적극적으로 질문과 대답에 참여했는가?					
	정직하게 자신을 오픈했는가?					
	지체들의 발표에 사랑하는 마음으로 공감적 경청을 하였는가?					
	모임 중 성령의 인도하심을 계속적으로 기도했는가?					
	하나님께서 원하시는 것이 무엇인지 분명히 알았는가?					
	발견된 진리를 삶과 인격에 적용하기로 결단했는가?					
	이번주에 중보할 지체를 발견했는가?					
적용 및 결단	삶과 인격 변화를 위한 이번주 자신의 적용은 구체적인가?					
	배운 내용이 삶의 상황에 분명히 적용되었는가?					
	소그룹 모임에 대한 만족감이 있었는가?					
	배운 내용을 분명하게 정리했는가?					
	이번 과의 주제와 목적을 분명히 알게 되었는가?					
	삶과 인격의 변화를 위해 기도할 준비가 되어 있는가?					
평가	이번주 총점					

"그러므로 내 사랑하는 형제들아 견실하며 흔들리지 말고 항상 주의 일에 더욱 힘쓰는 자들이 되라 이는 너희 수고가 주 안에서 헛되지 않은 줄 앎이라" (고전 15:58)

- 이번주 생일자는?
- 이번주 소그룹 특이 사항은?
- 다음주 청년부 행사는?
- 다음주 전도할 대상은?
- 이번 달 암송 구절과 필독서는?

6과
율법아, 네 정체를 보여 줘!

갈라디아서 3장 15~29절

초등학교에 다니는 남자 아이가 있었다.
이 아이는 반에서 키도 작고 왜소했다.
이에 비해 반 아이들은 상당히 체격이 좋았다.
어느 날 이 아이는 반에서 싸움을 잘 한다고 소문이 난 아이가
다른 아이와 싸우는 것을 보고 그 아이에게 무서움을 느꼈다.
게다가 그 아이는 태권도도 잘 하는 아이었다.
자신은 절대 저 아이를 이길 수 없다고 생각했다.
시간이 지나고 친구들은 사춘기에 접어 들었다.
이 왜소했던 아이도 키가 크고 체격이 좋아졌다.
힘도 생겼고, 경험도 생기면서 매사에 자신이 생겼다.
그런데 초등학교 때 싸움을 제일 잘 했던 아이는
키도 많이 크지 않았고 알고 보니 상당히 정숙하고 착한 아이였다.
자신이 절대로 이기지 못할 것이라고 생각했던 그 아이는
범접할 수 없는 거인이 아니라
그냥 좋은 친구라는 사실을 알게 된 것이다.
이 이야기는 우리가 자라오며 경험했을 법한 이야기다.
율법은 어릴 때 보았던 키 큰 아이와 같다.
바울이 말하는 율법의 정체에 대해서 귀 기울여 보고
우리에게 주신 복음이 얼마나 감격스러운 것인지 확인해 보자.

말씀암송 | 누가복음 6장 45절

선한 사람은 마음에 쌓은 선에서 선을 내고 악한 자는 그 쌓은 악에서 악을 내나니 이는 마음에 가득한 것을 입으로 말함이니라

|다가서기|

1. 어릴 때는 절대 할 수 없었던 것을 지금은 하고 있는 것을 찾아 그룹원들에게 나누어 보라. 지금의 기분이 어떤지도 잘 묘사해 보라.

2. 당신이 생각하는 율법이란 무엇인가? 율법의 정의와 목적, 신약 시대의 율법의 기능은 무엇이라고 생각하는가?

|깊이보기|

15~18절까지는 아브라함의 언약의 영원성을 말한다. 이 언약이 율법에 의해 폐기될 수 없는 이유는 그리스도에 의해 성취되기 때문이다. 19~29절까지는 한시성과 제한성을 가진 율법의 기능을 설명한다. 율법은 우리를 그리스도께로 인도하는 초등교사와 같다. 주인의 아들이 어릴 때는 종에게 엄한 교육을 받게 한다. 이 종의 역할이 초등교사이다. 하지만 아들이 어른이 되면 더 이상 종의 교육에 얽매이지 않는다. 마치 이와

같은 원리로 율법의 역할을 설명하고 있다. 율법은 그리스도를 믿음으로만 의롭다함을 받을 수 있다는 진리 가운데로 인도하는 역할을 한다.

3. 바울은 아브라함의 언약과 모세의 율법을 비교하면서 율법이 언약을 폐기할 수 없다는 이유 두 가지를 말한다(15~18절). 그 첫 번째 이유가 무엇인가?

① 아브라함이 모세보다 먼저 산 조상이기 때문에

② 모세의 율법은 아브라함의 언약보다 힘이 약하기 때문에

③ 아브라함의 언약은 그의 자손(씨)인 그리스도로 인해 성취되는 것이기 때문에

④ 언약과 율법은 원래 사이좋기 때문에

4. 모세의 율법이 아브라함의 언약을 폐기할 수 없는 두 번째 이유는 무엇인가?(18절, 18절 앞에 이유를 나타내는 '가르'가 있으므로 '왜냐하면'을 넣어서 해석해 보라.)

① 우리가 받을 유업이 율법이 아니라 언약에서 난 것이기 때문에

② 율법은 폐기하는 것이 아니라 따르는 것이기 때문에

③ 하나님이 아브라함에게 주신 것은 약속이 아니라 율법이기 때문에

④ 언약을 폐기하면 언약이 상처 받기 때문에

5. 하나님께서 그리스도로 인해 성취될 아브라함의 언약을 통해 우리에게 주신 유업은 무엇이라고 할 수 있는가?(갈 5:21, 고전6:9, 엡5:5)

6. 당신은 그리스도를 믿음으로 당신이 받을 유업이 '하나님 나라'라는 사실을 믿는가? 당신에게 하나님 나라는 어떤 것인가?

7. 바울이 말하는 율법은 제한(制限)성과 한시(限時)성을 가진 것이다. 19절 상반절을 보고 바울이 말한 '율법의 제한성'이란 무엇을 말하는지 나누어 보라(참조, 롬3:20).

8. 바울이 말하는 율법의 한시성은 어떤 것인지 19절 하반절을 보고 답해 보라.

9. 지금껏 당신에게 율법은 무엇이었는가? 바울의 교훈을 배우고 달라진 생각이 있다면 나누어 보라.

10. 바울은 이 율법의 기능을 '초등교사(파이다고고스)'라고 말한다(24,25절). 그 당시 초등교사의 역할을 읽고 율법의 기능을 자신의 말로 설명해 보라.

'초등교사(파이다고고스)'란 '가정교사, 후견인' 등으로 표현할 수 있는데, 당시 헬라인들은 자신의 귀한 아들을 성인이 될 때까지 이들에게 맡겨 생활과 품행을 엄하게 가르치게 했다고 한다. 그들은 초등교사 아래에서 철저하게 양육을 받지만 성인이 되면 더 이상 이들을 교육하지 않는다. 아버지는 아들이 성인이 되면 옷을 입히며 성인된 것을 확증하는 축하의 행사를 가진다고 한다. (비전성경사전)

11. 바울은 믿음으로 구원 얻는 자의 새로운 신분에 대해 어떻게 말하고 있는가?(27절) 당신은 진정 율법이 아닌 복음으로 거듭난 자인가?

12. '예수를 믿음으로 하나님의 아들이 된 자의 모습'을 바울의 묘사를 보고 자신의 말로 정리해 보라. 당신은 정말로 예수를 믿는 나 자신이 이런 신분이라는 사실을 믿는가?(26~28절)

|다짐하기|

13. 이 과에서 배운 대로 율법을 정리해 보고 율법이 아닌 복음으로 새로운 피조물이 된 자신을 옆 친구에게 소개해 보라.

율법의 기능과 목적	
복음으로 새로운 피조물이 된 나	

|관점얻기|

복음이 먼저인가? 율법이 먼저인가?

바울 당시 율법주의자들은 복음은 신약에 와서야 선포된 것이고, 율법은 구약에서 선포된 것이니 율법이 먼저라고 주장했다. 하지만 바울은 '복음이 율법보다 먼저'라고 주장한다. 그 이유는 아브라함의 언약에 있다. 이 언약은 한 '자손(제라)', 즉 예수 그리스도에게로 귀결된다(16절). 이 말은 바울이 창세기 22장18절의 "네 씨로 말미암아 천하 만민이 복을 얻으리니"라는 말씀을 인용한 것으로, 여기서 사용된 '씨'라는 말이 히브리어로 "제라"다. 즉 그리스도를 의미한다. 그러므로 아브라함의 언약은 그리스도로 성취된 복음을 의미한다. 그렇기 때문에 아브라함 후 430년 뒤에 생긴 모세의 율법이 아브라함의 언약을 폐기하지 못하는 것이다(17절). 복음이 율법을 성취한 것이다.

언약의 목적은 유업(遺業)

바울은 우리가 받은 유업이 율법이 아니라 약속, 곧 복음에서 난 것이라고 말한다(18절). 이 말은 이 유업이 우리 행위가 아니라 하나님의 전적인 은혜로 말미암아 주어진 것이라는 뜻이다. 일반적으로 '유업'은 '상속에 의해 받은 재산, 유산'을 의미한다. 아브라함에게 주신 유업은 땅이었다. 그처럼 우리에게도 주신 유업이 있다는 말이다. 우리에게 주신 '유업(클레로노미아)'은 '땅'으로 상징되는 '하나님 나라'다(갈5:21, 고전6:9, 엡5:5). 하나님 나라에 들어가는 것은 결코 율법으로 가능한 것이 아니다(18절). 오직 약속으로 말미암아 가능한 것이다. 전적으로 하나님의 은혜 속에서 믿음으로 의롭다함을 받음으로만 하나님 나라을 유업으로 얻을 수 있다.

율법의 한계와 목적

율법은 제한(制限)성과 한시(限時)성을 가진 것이다. 우리의 범죄를 깨닫게 하기 위한 기준이지 우리를 의롭게 할 수는 없는 제한성을 가지고 있다(19절 상반절). 하지만 율법이 하나님의 약속을 거스르는 것은 아니다(21절). 율법의 목적은 인간의 죄성과 영적 무능력을 깨닫게 하기 위한 것이다. 따라서 율법을 통해 결론적으로 얻을 수 있는 깨달음은 '우리는 죄로부터 결코 벗어날 수 없구나. 그래서 예수가 필요하구나!' 하는 것이다.

또한 율법은 약속하신 자손, 그리스도가 오시기까지만 지속되는 한시성을 지닌다(19절 하반절). 율법은 모세라는 중보자를 통해 주셨지만, 복음은 그리스도라는 성자 하나님을 통해 직접 주어진 것이다. 성자 예수님은 곧 성부 하나님과 하나이시며, 그렇기 때문에 복음은 중보자가 아닌 하나님께서 직접 주신 것으로 봐야 한다(20절). 그러므로 복음은 율법보다 훨씬 더 우월한 가치가 있는 것이다.

율법은 초등교사와 같다

'초등교사(파이다고고스)'란 말은 '가정교사, 후견인' 등의 의미로 헬라인들과 로마인들 사이에서 귀족 계급에 속한 소년들(6-16세)의 생활과 품행을 지도하는 임무를 맡은 종들을 일컫는 말이다. 소년들은 성년이 되기 전에는 초등교사 없이 집 밖으로 나가는 것조차 허락되지 않았다. 하지만 성인이 되면 교사들의 역할은 끝나게 되고 그에 대한 모든 권한은 아버지께로 간다. 이런 초등교사의 역할을 하는 것이 바로 율법이다. 아무리 율법이 엄하고 우리를 정죄해도 결국은 우리를 그리스도께로 인도하는 중개자로서의 역할을 하는 것이다. 그러므로 율법이 영향력을 행사할 수 있는 기간은 '믿음의 때까지(23절)'다. 그래서 바울은 믿음으로 우리가 하나님의 아들이 되었다고 말하며(26절), 그 신분의 변화를 세례를 통해 그리스도로 옷 입은 것으로 묘사한다(27절). 마치 아들이 성인이 되면 아버지가 아들에게 옷을 입혀 주는 것처럼 말이다. 율법은 우리를 아브라함의 지손으로 만들 수 없다. 이것을 이루게 하는 것은 오직 그리스도 안에서 성취된 약속을 믿음으로만 가능한 것이다(29절).

|청년 자기 체크리스트|

아래의 체크리스트를 가지고 오늘 소그룹 모임에 임한 자신의 태도를 충분히 점검해 보라.

점검 사항		5	4	3	2	1
준비 및 예습	본 과를 준비하면서 충분히 예습은 하였는가					
	각 과의 분명한 목적은 알고 모임에 임했는가?					
	성령께서 나를 만지시도록 기도로 준비하였는가?					
	소그룹원들을 위해서 중보하였는가?					
	리더를 위해서 중보하였는가?					
	나를 변화시키실 하나님을 기대하는 마음으로 임했는가?					
참여 및 자세	적극적으로 질문과 대답에 참여했는가?					
	정직하게 자신을 오픈했는가?					
	지체들의 발표에 사랑하는 마음으로 공감적 경청을 하였는가?					
	모임 중 성령의 인도하심을 계속적으로 기도했는가?					
	하나님께서 원하시는 것이 무엇인지 분명히 알았는가?					
	발견된 진리를 삶과 인격에 적용하기로 결단했는가?					
	이번주에 중보할 지체를 발견했는가?					
적용 및 결단	삶과 인격 변화를 위한 이번주 자신의 적용은 구체적인가?					
	배운 내용이 삶의 상황에 분명히 적용되었는가?					
	소그룹 모임에 대한 만족감이 있었는가?					
	배운 내용을 분명하게 정리했는가?					
	이번 과의 주제와 목적을 분명히 알게 되었는가?					
	삶과 인격의 변화를 위해 기도할 준비가 되어 있는가?					
평가	이번주 총점					

"그러므로 내 사랑하는 형제들아 견실하며 흔들리지 말고 항상 주의 일에 더욱 힘쓰는 자들이 되라 이는 너희 수고가 주 안에서 헛되지 않은 줄 앎이라" (고전 15:58)

- 이번주 생일자는?
- 이번주 소그룹 특이 사항은?
- 다음주 청년부 행사는?
- 다음주 전도할 대상은?
- 이번 달 암송 구절과 필독서는?

7과
복이 되는 복음의 비밀

갈라디아서 4장 1~20절

어떤 맛집이든 그들만의 숨은 비법이 있다.
모든 사람에게 상냥하고 친절하지만
그 맛의 비법만큼은 며느리에게도 가르쳐 주지 않는다.
그 이유는 이 맛의 비법을 지키지 못하면
맛집이라는 정체성을 잃어버릴 수도 있기 때문이다.
우리는 맛집이 그 맛의 비법을 공개하지 않는다고
맛집이 윤리적으로 문제가 있다고 말하지는 않는다.
복음도 비슷한 면이 있다.
바른 복음을 견지하지 못하면
복음은 곧바로 변질되어 버린다.
바른 복음을 붙든다는 것은 마냥 행복한 것만은 아닐 수 있다.
때로는 바른 복음을 붙들기 위해서 고난을 당하기도 한다.
바른 복음을 지키지 않는다면
그리스도인으로서의 정체성을 상실하게 된다.
바울은 이것이 그리스도인의 '복'이라고 말한다.
이 복이 되는 복음의 비밀이 무엇인지
구체적으로 알아보자.

말씀암송 | 에베소서 4장 29절

무릇 더러운 말은 너희 입 밖에도 내지 말고 오직 덕을 세우는 데 소용되는 대로 선한 말을 하여 듣는 자들에게 은혜를 끼치게 하라

|다가서기|

1. 당신이 알고 있는 비밀 하나를 옆 사람에게 공개하라. 그 비밀을 들은 사람은 비밀을 공개한 사람이 어떻게 달라 보이는지 그룹원들에게 나누어 보라.

2. 당신은 복음을 받아들이는 것이 복이라고 생각하는가? 그렇다면 그 이유는 무엇인지, 아니라면 그 이유는 무엇인지 나누어 보라.

|깊이보기|

1~11절까지는 복음으로 우리에게 아들의 신분을 주신 예수 그리스도의 사역을 말한다. 동시에 그럼에도 불구하고 다시 율법으로 돌아가려고 하는 자의 어리석음을 지적한다. 12~20절까지는 과거에 바울과 갈라디아 교인들의 아름다운 관계를 회상하면서 다시 바른 신앙을 회복할 것을 권고한다. 바울은

갈라디아 교인들이 비록 시험꺼리가 있고 힘들고 어려운 상황이었지만 복음을 전하는 바울을 그리스도를 영접하는 것처럼 영접한 것이 그들의 복이라고 말한다. 바른 복음 으로 말미암은 열심이 좋은 것이지 잘못된 열심은 결코 좋은 것이 아님도 지적한다.

3. 바울이 말하는 '아버지의 정한 때'는 어떤 때인가?(1~3절) 이 때는 무엇을 위한 것인가?(5절)

4. 복음은 우리에게 어떤 영을 주시는가? 그 영으로 인해 우리는 어떤 신분과 인식 가운데 살게 되는가?(6,7절)

5. 당신은 복음을 믿는 것이 하나님의 아들이 되는 것임을 믿는가? 그렇지 못하다면 그 이유는 무엇인가?(요1:12)

6. 12절부터 바울은 과거 자신과 갈라디아 교인들과의 아름다웠던 관계를 회상한다. 그 관계는 구체적으로 어떤 것이었는가?(13,14절)

7. 바울은 바른 복음에 대한 이들의 태도를 무엇이라고 정의하고 있는가?(15절)

8. 갈라디아 교인들의 좋았던 복음에 대한 태도가 율법주의자들 때문에 변질되어져 버렸다. 그래서 바울은 갈라디아 교인들에게 쓴 소리를 하려고 한다. 바울은 이것을 어떤 마음으로 하고 있는가?(16,19,20절)

9. 바른 복음을 붙드는 일은 복이다. 하지만 이 복은 마냥 행복한 것만은 아니다. 때로는 쓴 소리를 들을 때도 있고, 해산하는 수고를 하는 것처럼 힘들 때도 있다. 당신에게도 이런 경우가 있었다면 나누어 보라.

10. 왜 복음을 붙드는 것이 복임에도 불구하고 힘들고 어려운 일이 닥치는가? 그 이유를 설명해 보고, 당신에게 닥친 어려움들도 이런 관점에서 설명해 보라(19절).

|다짐하기|

11. 이번 주 동안 당신에게 '복음을 붙드는 것이 왜 복인지' 한 사람 이상에게 찾아가 설명해 주고 그 사람들의 피드백을 적어 오라.

|관점얻기|

아버지의 정하신 때

우리는 하나님 아버지의 자녀다. 왜냐하면 하나님이 그 아들의 영(성령)을 우리 마음 가운데 보내사 '아빠 아버지'라 부르게 하셨기 때문이다(6절). 하지만 정하신 때까지는 후견인과 청지기 아래에서 주인으로서의 면모를 갖출 때까지 훈련받는다(2절). 하늘 아버지의 정하신 때가 있다. 그때가 되면 우리의 슬픔과 아픔이 치유되고 내가 하나님의 자녀인 기쁨이 회복된다.

4절의 "때가 차매"라는 말은 '때의 충만함'을 의미한다. 이 때는 먼저는 유대 종교와 율법의 무능력을 인식할 때이다(부정적인 때).

그래서 율법의 행위나 내 노력으로는 '결코 구원받을 수 없구나!'를 깨닫는 때다. 그리고 로마의 시대적 배경이 준비된 때이다(긍정적인 때). 로마를 통한 정치적 통일과 상업, 교통의 발달, 길의 확충 등의 환경이 준비될 때 하나님이 일하신 것이다. 이처럼 나의 감정과 인지와 상관없이 하나님의 때는 하나님의 뜻을 위해 준비되어 있다.

하나님의 때에 하신 일

당신의 아들을 율법 아래 나게 하시고 처녀의 몸에서 인간으로 태어나게 하셨다(4절). 그 이유는 율법 아래 있는 자들을 속량하기 위해서다(5절). 예수 그리스도를 믿는 일은 우리가 하나님의 아들이 되는 일이다. 그래서 일정 기간은 훈련을 받는 것이고, 결국은 아들로서 유업을 받기에 부족함이 없게 하신다.

그러므로 믿음으로 이 땅을 사는 것은 주신 믿음으로 열심히 선을 행하며 사는 방식이 아니라 우리를 속량하신 예수 그리스도를 계속해서 의지하는 방식으로 사는 것이다. 그것이 우리를 향하신 하나님의 뜻이다.

갈라디아 성도들의 복

갈라디아 지방에 갔을 때 바울은 극도로 쇠약한 상태였다(13절). 14절 "내 육체에 있으되"라는 말은 '보기만으로도 극심한 병이 있다는 사실을 알 정도'라는 말이다. 바울의 병에 대해 어떤 사람은 '안질', 혹은 '간질'이라고 하고, 어떤 사람은 버가 지역의 습한 날씨로 인한 '말라리아 증세'라고 보기도 한다.

문제는 바울의 약함이 갈라디아 사람들에게 시험꺼리가 될 정도였다(14절). 하지만 갈라디아 성도들은 이것을 업신여기지도, 버리지도 아니하고 하나님의 천사와 같이 그리스도 예수와 같이 바울을 영접했다(14절). 바울은 이것이 갈라디아 성도들의 복이라고 말한다(15절). 복음을 전하는 바울을 사랑한 것이 그들의 복이었다.

바른 복음을 들어야 하는 이유

그런데 그런 사랑의 관계가 소원해져 버렸다(16절). 싫어져서가 아니라 바른 믿음의 상실 때문이다. 바울은 갈라디아 교인들의 잘못된 열심이 결코 선한 것이 아니라고 지적한다. 그래서 바울은 20절에서 "내가 이제라도 내 언성을 높이려 함은" 이라고 말하면서 단호하게 대처하고 있다. 바울은 정색하여 바른 복음의 진리를 말하고 있는 것이다.

우리는 바른 복음의 진리를 계속해서 듣고 배울 필요가 있다. 그 이유는 첫 번째로 우리의 신앙은 언제든지 변질될 우려가 있기 때문이다. 바른 진리의 소리를 듣지 않으면 결국은 완전히 변질될 것이기 때문이다. 두 번째는 그리스도의 형상을 이루기 위해서다(19절). 이를 위해 바울은 해산하는 듯한 수고를 한다고 말하고 있다.

바른 복음을 견지해 가는 것은 결코 쉬운 일이 아니다. 변질되지 않도록 복음을 붙드는 것은 수고가 따른다.

|청년 자기 체크리스트|

아래의 체크리스트를 가지고 오늘 소그룹 모임에 임한 자신의 태도를 충분히 점검해 보라.

	점검 사항	5	4	3	2	1
준비 및 예습	본 과를 준비하면서 충분히 예습은 하였는가					
	각 과의 분명한 목적은 알고 모임에 임했는가?					
	성령께서 나를 만지시도록 기도로 준비하였는가?					
	소그룹원들을 위해서 중보하였는가?					
	리더를 위해서 중보하였는가?					
	나를 변화시키실 하나님을 기대하는 마음으로 임했는가?					
참여 및 자세	적극적으로 질문과 대답에 참여했는가?					
	정직하게 자신을 오픈했는가?					
	지체들의 발표에 사랑하는 마음으로 공감적 경청을 하였는가?					
	모임 중 성령의 인도하심을 계속적으로 기도했는가?					
	하나님께서 원하시는 것이 무엇인지 분명히 알았는가?					
	발견된 진리를 삶과 인격에 적용하기로 결단했는가?					
	이번주에 중보할 지체를 발견했는가?					
적용 및 결단	삶과 인격 변화를 위한 이번주 자신의 적용은 구체적인가?					
	배운 내용이 삶의 상황에 분명히 적용되었는가?					
	소그룹 모임에 대한 만족감이 있었는가?					
	배운 내용을 분명하게 정리했는가?					
	이번 과의 주제와 목적을 분명히 알게 되었는가?					
	삶과 인격의 변화를 위해 기도할 준비가 되어 있는가?					
평가	이번주 총점					

"그러므로 내 사랑하는 형제들아 견실하며 흔들리지 말고 항상 주의 일에 더욱 힘쓰는 자들이 되라 이는 너희 수고가 주 안에서 헛되지 않은 줄 앎이라" (고전 15:58)

- 이번주 생일자는?
- 이번주 소그룹 특이 사항은?
- 다음주 청년부 행사는?
- 다음주 전도할 대상은?
- 이번 달 암송 구절과 필독서는?

8과
약속의 자녀된 정체성

갈라디아서 4장 21~31절

우리는 미운 오리 새끼의 이야기를 잘 안다.
오리가 아니었기 때문에
오리와 함께 할 수 없는 비운의 운명처럼 보였지만
성장해 가면서 자신의 정체성을 확인한다.
백조의 정체성을 가지고는 오리와 같이 살 수 없었다.
그리스도인의 정체성도 비슷하다.
우리는 율법을 따라 난 자들이 아니라 성령을 따라 난 자들이다.
이 말은 하나님의 약속을 따라 은혜로 출생한 자들이란 말이다.
그렇기 때문에 우리에게는
정체성에 합당한 인식과 삶이 있어야 한다.
이 정체성을 정확히 알지 못하면
오리 무리 속에 있는 백조와 같이
어울릴 수도 없고, 함께 살지 못해 외롭게 되는 것이다.
하지만 바른 정체성을 가지게 될 때
우리는 가장 아름답게 창공을 날 수 있는
백조의 삶을 살게 되는 것이다.
성령을 따라 난 우리의 정체성이 무엇인지
바울의 가르침을 따라 가보자.

말씀암송 | 에베소서 4장 29절

무릇 더러운 말은 너희 입 밖에도 내지 말고 오직 덕을 세우는 데 소용되는 대로 선한 말을 하여 듣는 자들에게 은혜를 끼치게 하라

|다가서기|

1. 당신의 출생의 이야기를 해 보라. 당신의 출생의 비밀이 지금의 당신의 삶에 어떤 영향을 주었는가?

2. 당신은 그리스도인의 정체성이 무엇이라고 생각하는가? 자신의 생각을 편하게 이야기해 보자.

|깊이보기|

21~31절까지는 복음과 율법의 차이점을 보다 명확하게 설명하고 있다. 바울은 아브라함의 두 아들인 이스마엘과 이삭이 종인 하갈과 아내인 사라에게서 각각 출생한 사실을 이야기한다(21~23절). 이 사실을 풍유적으로 두 언약의 관점에서 설명하고 있다(24~26절). 시내산 언약 아래 있는 것이 이스마엘이고, 은혜의 언약 아래에 있는 것이 이삭이다. 시내산은 모세를 통해 주어진 율법을 상징하고, 약속은 아브라함을 통해 주

어진 복음을 상징한다. 그리스도인은 하갈과 같은 종의 소생인 이스마엘이 아니라 자유자인 사라의 자녀인 이삭과 같은 존재임을 강조한다(27~31절).

3. 바울이 율법 아래 있고자 하는 자들에게 말하는 율법이란 무엇인가?(21~23절)

4. 이 둘을 설명하는 바울의 말을 자신의 말로 풀어 설명해 보라(24~26절).

5. 바울은 갈라디아 교인들을 이 둘 중 누구와 같다고 말하고 있는가?(28절) 그 의미는 무엇이라고 생각하는가?

6. 당신은 율법이 아니라 하나님의 약속, 즉 복음을 따라 사는 사람인가? 그 이유는 무엇인가?

7. 바울이 말하는 '율법을 따라 난 자'와 '약속을 따라 난 자'의 첫 번째 차이점은 출생의 차이점이다(23절). 이 차이점을 자신에게 적용하여 설명해 보라.

8. 두 번째 차이점은 삶의 방식의 차이점이다. 우리는 약속의 자녀로서 어떤 삶의 방식으로 살아야 하는가? 당신은 어떤 삶의 방식으로 사는 자인가?

9. 세 번째 차이점은 핍박이다. 이스마엘이 이삭을 핍박했고 율법주의자들이 갈라디아 성도들을 율법으로 얽어매려고 했던 것처럼 우리도 핍박 가운데 있다. 이런 관점에서 우리가 겪고 있는 핍박은 무엇인지 나누어 보라(행14:22, 고후4:17).

10. 본문이 말하고 있는 그리스도인의 정체성은 어떤 것인지 정리해 보라. 그리고 자신이 그런 정체성을 가지고 있는지, 무엇이 부족한지 나누어 보라.

출생	
삶의 방식	
핍박	

11. 당신의 그리스도인 된 정체성을 손상시키는 것은 무엇인가? 구체적으로 나누고 중보기도를 요청하라.

|다짐하기|

12. 당신의 그리스도인 된 정체성과 그리스도인답게 살기 위한 자신의 다짐을 SNS에 공개적으로 고백하고 일주일 동안 받은 피드백과 느낀 점을 적어오라.

|관점얻기|

두 종류의 사람

바울은 '율법 아래 있고자 하는 자들', 즉 율법적 규례의 엄격한 실천을 강조하는 율법주의자들과 그들을 추종하는 자들에게 율법과 복음의 차이점을 설명한다(21절). 아브라함의 아들들이 모두 아브라함에게서 났지만 신분이 달랐던 것처럼, 율법과 복음은 모두 하나님에게서 비롯된 것이지만 그 정체성은 차이가 있음을 강조한다. 두 여자들은 두 언약으로(24절), 하나는 시내산에서 율법으로 모세와 맺은 언약이고(갈3:19), 하나는 하나님의 은혜로 아브라함과 맺은 언약이다(갈3:16~18). 그 차이점은 '육체를 따라 난 것'과 '약속을 따라 난 것'으로 규정된다(23절). 육체를 따라 난 것은 하갈에게서 난 이스마엘로 대변되는 '율법 아래 있고자 하는 사람들(23절)'이고, 약속을 따라 난 것은 하나님의 약속으로 난 이삭으로 대변되는 '자유하는 자들(26절)'로 구분된다. 이삭은 성령으로 난 모든 그리스도인의 표상이다.

출생 방법의 차이

이들은 대략적으로 세 가지 점에서 차이점이 있다. 첫 번째는 출생 방법의 차이점이다. 이스마엘은 아브라함과 하갈의 생육적인 방법으로 태어났다. 인간적인 방법으로 태어났고, 아브라함의 아들이지만 하나님의 유업을 받지는 못했다. 하지만 이삭은 하나님께서 잉태치 못하던 여자 사라의 태를 여심으로 태어났다. 즉 기적적인 방법으로 태어나서, 하나님의 유업을 받게 된다. 하나님의 은혜의 약속의 자녀인 셈이다(22,23절). 바울은 우리 모두가 이삭과 같이 약속의 자녀라고 말한다. 우리는 하나님의 유업을 받을 자격이 못되지만 하나님의 은혜로 하나님 나라를 유업으로 받을 수 있게 되었기 때문이다.

삶의 방식의 차이

이스마엘은 율법을 상징하고, 이삭은 복음을 상징한다. 그러므로 이삭의 후손은 율법의 행위나 노력으로 사는 것이 아니라 은혜로 산다. 우리는 이삭의 후손이다. 우리 힘으로는 하나님의 의롭다하심을 받을 수 없고, 따라서 하나님의 유업을 얻을 수도 없다. 그러므로 우리는 율법으로 상징되는 우리의 노력이나 열심이 아니라 하나님의 은혜로 살아야 한다. 이것이 그리스도인의 정체성이다. 우리가 사는 비결은 오직 이삭같이 사는 것이다. 오직 은혜로만 사는 것이다. 우리가 의롭게 살아야 하는 이유는 그래야만 의롭다함을 받기 때문이 아니라 그리스도의 보혈로, 하나님의 은혜로 의롭다함을 받았기 때문이다.

받는 핍박의 차이

이스마엘이 이삭을 핍박했다. 이는 육체를 따라 난 자가 성령을 따라 난 자를 핍박하는 것과 같다(29절). 이 말은 단순한 핍박이 아니라 이삭이 유업을 받을 자이기 때문에 이스마엘이 핍박을 했다는 의미이다. 이와 같이 지금도 성도에게는 필연적인 핍박이 있다. 사도행전 14장 22절은 "제자들의 마음을 굳게 하여 이 믿음에 머물러 있으라 권하고 또 우리가 하나님의 나라에 들어가려면 많은 환난을 겪어야 할 것이라 하고"라고 말하고, 고린도후서 4장 17절은 "우리가 잠시 받는 환난의 경한 것이 지극히 크고 영원한 영광의 중한 것을 우리에게 이루게 함이니"라고 말한다. 우리가 핍박을 받는 것은 우리의 신분이 다르기 때문이다.

우리에게 다가오는 핍박은 외적 핍박과 내적 핍박이 있다. 외적 핍박은 말 그대로 믿음을 저버리도록 하는 박해이고, 내적 핍박은 죄의 유혹과 끊임없이 율법의 행위로, 노력으로 의롭게 되려고 하는 종교적 본능을 의미한다. 우리는 이런 핍박으로부터 믿음을 지키기 위해 끊임없이 바른 복음을 배우고 익히고 그 가운데 사는 삶을 살아야 한다. 이것이 그리스도인이다.

|청년 자기 체크리스트|

아래의 체크리스트를 가지고 오늘 소그룹 모임에 임한 자신의 태도를 충분히 점검해 보라.

점검 사항		5	4	3	2	1
준비 및 예습	본 과를 준비하면서 충분히 예습은 하였는가					
	각 과의 분명한 목적은 알고 모임에 임했는가?					
	성령께서 나를 만지시도록 기도로 준비하였는가?					
	소그룹원들을 위해서 중보하였는가?					
	리더를 위해서 중보하였는가?					
	나를 변화시키실 하나님을 기대하는 마음으로 임했는가?					
참여 및 자세	적극적으로 질문과 대답에 참여했는가?					
	정직하게 자신을 오픈했는가?					
	지체들의 발표에 사랑하는 마음으로 공감적 경청을 하였는가?					
	모임 중 성령의 인도하심을 계속적으로 기도했는가?					
	하나님께서 원하시는 것이 무엇인지 분명히 알았는가?					
	발견된 진리를 삶과 인격에 적용하기로 결단했는가?					
	이번주에 중보할 지체를 발견했는가?					
적용 및 결단	삶과 인격 변화를 위한 이번주 자신의 적용은 구체적인가?					
	배운 내용이 삶의 상황에 분명히 적용되었는가?					
	소그룹 모임에 대한 만족감이 있었는가?					
	배운 내용을 분명하게 정리했는가?					
	이번 과의 주제와 목적을 분명히 알게 되었는가?					
	삶과 인격의 변화를 위해 기도할 준비가 되어 있는가?					
평가	이번주 총점					

"그러므로 내 사랑하는 형제들아 견실하며 흔들리지 말고 항상 주의 일에 더욱 힘쓰는 자들이 되라 이는 너희 수고가 주 안에서 헛되지 않은 줄 앎이라" (고전 15:58)

- 이번주 생일자는?
- 이번주 소그룹 특이 사항은?
- 다음주 청년부 행사는?
- 다음주 전도할 대상은?
- 이번 달 암송 구절과 필독서는?

9과
자유와 믿음, 사랑을 위하다

갈라디아서 5장 1~15절

당신은 하나님께서 우리를 구원하신 목적이 무엇이라고 생각하는가?
대부분은 우리를 천국가게 하기 위해서라고 대답할 것이다.
맞는 말이다.
하나님은 우리 모두가 한 사람도 빠짐없이
천국에 가기를 원하신다.
하지만 구원받음의 일차적인 목적은 천국이 아니다.
천국의 개념도 가는 개념이 아니라 오는 개념이다.
이 말은 천국이 이생과 내세에 임하는 하나님의 통치라는 말이다.
천국보다 일차적인 구원하심의 목적이 있다.
그것은 이 땅에서 우리가 어떻게 사는가의 이야기다.
바울은 그것을 사랑으로 역사하는 믿음이라고 소개한다.
이것을 위해서 우리가 부르심을 받았다고 말한다.
바울의 말씀의 뉘앙스를 읽어내면
우리가 이 땅에서 어떻게 살기를 원하시는지
하나님의 마음을 선명하게 읽을 수 있다.

말씀암송 | 에베소서 4장 29절

무릇 더러운 말은 너희 입 밖에도 내지 말고 오직 덕을 세우는 데 소용되는 대로 선한 말을 하여 듣는 자들에게 은혜를 끼치게 하라

|다가서기|

1. 당신이 가지고 있는 것 가운데 쓸모가 없는 것이 뭐가 있는지 이야기해 보자. 그 이유는 무엇인지도 나누어 보라.

2. 당신은 하나님께서 당신을 구원하신 목적이 무엇이라고 생각하는가?

|깊이보기|

갈라디아서는 율법주의에 대항하여 이신득의의 복음을 변증하는 편지다. 1,2장은 바울 자신의 사도직과 자신이 전한 복음의 신적 기원에 대해서, 3,4장은 율법과 약속의 차이를 대조하면서 이신득의 복음의 정당성을 변증한다. 이제 5,6장에서는 이신득의로 얻은 자유의 바른 사용에 대해서 언급한다. 1~12절까지는 율법으로부터의 자유에 대한 재강조와 할례의 무의미성을 말한다. 그리고 13~15절은 부르심의 목적인 자유에 대해 말하면서 사랑으로 역사하는 믿음을 더욱 강조하고 있다.

3. 바울은 그리스도께서 우리에게 구원을 주신 목적이 무엇이라고 이야기 하는가? 이 가운데 우리가 유의할 점은 무엇이라고 말하는가?(1절)

4. 구원하심으로 우리에게 주신 자유는 결국 무엇을 위한 자유인가?(13절)

5. 예수님은 율법의 행위로 의롭게 되려고 노력했던 바리새인들을 책망하셨다. 바울은 이것을 어떻게 설명하고 있는가?(4절) 그 이유는 무엇이라고 생각하는가?

6. 그리스도 예수 안에서 효력 있는 것은 무엇이며, 그 말의 의미는 무엇이라고 생각하는가?(6절, 갈6:15, 고전7:19)

7. 당신이 구원받았다면 사랑으로써 역사하는 믿음이 있는지 예수를 들어 설명해 보라. 만약 그렇지 못하다면 그 이유는 무엇인가?

8. 당신은 하나님께서 당신을 부르신 목적이 사랑으로 서로 종노릇하도록 하는 것임을 믿는가? 당신의 인생에 사랑은 어느 정도의 가치가 있는 것인지 솔직히 나누어 보라(13절).

9. 사람은 율법을 이룰 수 없다. 하지만 바울은 온 율법을 이룰 수 있는 방법을 제시했다. 그것이 무엇인가? 왜 그런지 자신의 생각을 말해 보라(14절).

10. "물고 먹는 것"은 짐승들이 싸우는 모습을 의미한다(15절). 사랑이 아니라 정죄하는 것은 결국 서로를 멸망하게 하는 것이다. 정죄가 아니라 사랑이 사람을 살린다는 사실을 자신이 경험한 사례를 들어 설명해 보라(참고, 잠27:21).

11. 우리를 부르심은 특정 직업을 갖는 것이 아니다. 직업은 부르심을 이루는 도구에 불과하다. 당신의 부르심을 '사랑으로써 역사하는 믿음'의 관점에서 정리해 보라.

|다짐하기|

12. 한 주간 사랑으로 종노릇할 일을 찾고 삶의 자리에서 실천한 후 다음 주에 그룹원들에게 한 주 동안 한 일과 느낀 점을 나누라.

가정	
교회	
학교, 직장	

|관점얻기|

종의 멍에와 자유

종의 멍에는 '율법의 멍에'다(1절). 베드로는 이를 "능히 메지 못하는 멍에"라고 말한다(행15:10). 이 멍에의 반대되는 개념은 '자유'로, 율법 아래 있고서는 결코 자유할 수 없다는 의미다. 요한은 "진리를 알지니 진리가 너희를 자유케 하리라"고 말한다(요8:32). 죄는 본능적으로 우리로 하여금 율법의 멍에를 메게 한다. 잘못하면 벌을 받아야 하고, 뭔가 대가를 지불해야 깨끗해진다고 생각하는 차원에서 선한 행위를 하게 하는 것이다. 이에 반해 진리란 예수가 우리의 죄를 위해 대가를 지불했다는 것이다. 그 사실을 알면 율법적 관점이 아니라 복음적 관점에서 자유할 수 있다는 말이다.

그리스도에게서 끊어지는 것

선한 행위로 의롭다함을 받으려는 자세는 그리스도에게서 끊어지려는 것과 같다(4절). 이 말은 하나님의 은혜를 포기한다는 말이다. 그러므로 하나님의 '은혜를 포기하는 삶'이란 '내 행위로 의롭게 되려는 삶'이다. 내 행위로 의롭게 되려는 것은 내가 죄를 지었기 때문에 죄인이라고 하는 사고에 근거한다. 잘못을 저질렀기 때문에 죄책감에 사로잡히는 삶이다. 그것이 하나님의 은혜에서 떨어진 자의 삶이다. 하지만 우리는 원래부터 죄인이기 때문에 죄를 짓는 것이다.

그리스도 안에서 효력이 있는 것

그리스도 안에서는 할례뿐만 아니라 무할례도 역시 효력이 없다(6절). '효력(이스퀴오)이 없다'는 말은 '아무 것도 아니다'라는 의미다(갈6:15, 고전7:19). 할례뿐만 아니라 할례 받지 않음으로 뭔가 믿음 있는 척 하는 것도 역시 아무 것도 아니라는 의미다. 그리스도 안에서는 오직 사랑으로써 역사하는 믿음만이 효력이 있다. 구원받은 믿음은 "사랑으로써 표현되는 믿음"이다. 그리스도 안에서는 오직 믿음만이 효력이 있는 것이다. 하나님은 우리의 믿음 중 사랑을 통해 드러나는 믿음만 계산하신다(The only thing that counts is faith expressing itself through love(NIV)).

사랑의 실천을 향한 자유

우리 부르심의 목적은 자유에 있다(13절). 1절의 '자유롭게 하려고'는 '~로부터의 자유(liberty from)'이고, 13절의 '자유를 위하여'는 '~를 향한 자유(liberty for)'다. 1절은 율법으로부터의 자유이고, 13절은 사랑의 실천을 향한 자유다. 우리에게 주어진 자유는 율법으로부터의 해방을 시작으로 해서 사랑의 실천을 향한 순종으로 끝이 난다. 그러므로 최고로 자유한 자는 '사랑하는 자'이다. 종노릇을 하는 정도로 사랑하는 사람이 세상에서 가장 자유한 사람이다. '사랑으로 종노릇하는 것'은 삶의 이유가 사랑이게 하라는 말이다. 내가 당하는 이유, 내가 손해 보는 이유, 내가 손가락질 당하는 이유, 심지어 내가 사는 이유가 다 사랑이 되어야 한다는 것이다.

율법을 온전히 이루는 것

율법으로부터의 자유는 율법으로부터의 초월이 아니다. 율법을 충분히 포함하는 것이다. '사랑하라는 말씀에 온 율법이 이루었다'는 말은 이 말씀 안에 온 율법이 '가득 차 있다'는 의미이다(14절). 율법에는 자유하고, 사랑에는 구속되는 것이 진정한 자유다. 우리가 서로 사랑하지 않으면 결국은 서로 망하게 되기 때문이다(15절). "물고 먹는다"는 말은 육식 동물이 서로 격렬히 싸우는 것을 의미한다. '물다'는 '사람의 영혼에 상처를 주거나 비난으로 괴롭게 하는 행위'를 말하고, '먹다'는 '이웃의 재산을 먹어치우는 행위로, 상대를 괴롭히고 상하게 하려는 강력한 욕망'을 의미한다. 형제에게 상처를 주거나 정죄하는 것은 짐승이 싸우는 모습과 같다. 우리의 자유는 죄가 넘볼 수 없는 자유다. 이 자유로 형제를 사랑하는 것이 그리스도인의 모습이다.

|청년 자기 체크리스트|

아래의 체크리스트를 가지고 오늘 소그룹 모임에 임한 자신의 태도를 충분히 점검해 보라.

점검 사항		5	4	3	2	1
준비 및 예습	본 과를 준비하면서 충분히 예습은 하였는가					
	각 과의 분명한 목적은 알고 모임에 임했는가?					
	성령께서 나를 만지시도록 기도로 준비하였는가?					
	소그룹원들을 위해서 중보하였는가?					
	리더를 위해서 중보하였는가?					
	나를 변화시키실 하나님을 기대하는 마음으로 임했는가?					
참여 및 자세	적극적으로 질문과 대답에 참여했는가?					
	정직하게 자신을 오픈했는가?					
	지체들의 발표에 사랑하는 마음으로 공감적 경청을 하였는가?					
	모임 중 성령의 인도하심을 계속적으로 기도했는가?					
	하나님께서 원하시는 것이 무엇인지 분명히 알았는가?					
	발견된 진리를 삶과 인격에 적용하기로 결단했는가?					
	이번주에 중보할 지체를 발견했는가?					
적용 및 결단	삶과 인격 변화를 위한 이번주 자신의 적용은 구체적인가?					
	배운 내용이 삶의 상황에 분명히 적용되었는가?					
	소그룹 모임에 대한 만족감이 있었는가?					
	배운 내용을 분명하게 정리했는가?					
	이번 과의 주제와 목적을 분명히 알게 되었는가?					
	삶과 인격의 변화를 위해 기도할 준비가 되어 있는가?					
평가	이번주 총점					

"그러므로 내 사랑하는 형제들아 견실하며 흔들리지 말고 항상 주의 일에 더욱 힘쓰는 자들이 되라 이는 너희 수고가 주 안에서 헛되지 않은 줄 앎이라" (고전 15:58)

- 이번주 생일자는?
- 이번주 소그룹 특이 사항은?
- 다음주 청년부 행사는?
- 다음주 전도할 대상은?
- 이번 달 암송 구절과 필독서는?

10과
성령을 따라 살기

갈라디아서 5장 16절~26절

어떤 목적지를 향해서 갈 때는 필요한 것들이 많다.
특히 그 길이 사막의 길이라면
더더욱 필요한 것들이 있는데,
그것은 식량과 물과 이동 수단 등일 것이다.
하지만 사막은 이런 것들만 가지고는 갈 수 없다.
꼭 필요한 것이 바로 지도다.
지도를 따라 걷지 않으면 사막은
그 자리를 빙빙 돌 수도 있고 길을 잃고 죽을 수도 있다.
지도를 갖고 지도를 따라가야 고생이 되도
목표한 곳에 당도할 수 있다.
우리의 신앙생활도 마찬가지다.
성경은 우리 인생이 광야와 같다고 말한다.
우리는 반드시 성경과 성령을 따라 이 광야를 걸어야 한다.
그렇지 않으면 다른 곳에 다다르게 되거나
혹은 광야 가운데서 죽을 수도 있다.
성령을 따라 사는 것은 어떤 것을 말하는지
바울의 가르침을 따라 가보자.

말씀암송 | 데살로니가전서 5장 21,22절

범사에 헤아려 좋은 것을 취하고, 악은 어떤 모양이라도 버리라

|다가서기|

1. 살면서 길을 잃어버린 경험이 있는가? 그때의 경험과 감정을 나누면서 길을 잃는다는 것이 무엇인지 서로 공감하는 시간을 가져 보라.

2. 당신은 인생을 성공적으로 살 수 있는 결정적인 기준을 무엇이라고 생각하는가? 그렇게 생각하는 이유는 무엇인가?

|깊이보기|

본문은 바울이 육체의 소욕과 성령의 소욕을 대조하면서 무엇을 따라 살아야 하는지를 강조한다. 육체의 일과 성령의 열매를 대조하면서 그리스도인은 그리스도가 십자가에 못 박혀 죽으실 때 육체의 일도 못 박혀 죽은 것을 인식시키고 있다. 그래서 성령을 따라 살 때 성령의 열매를 맺는 것을 강조한다.

3. 바울은 어떻게 해야 육체의 욕심을 이루지 않을 수 있다고 말하는가?(16절) 그 의미는 무엇이라고 생각하는가?

4. 우리에게 육체의 소욕과 성령의 소욕은 어떤 관계인가?(17절)

5. 바울이 말하는 육체의 소욕을 아래의 범주에 따라 정리해 보라(19~21절).

① 순결과 반대되는 부류: 음행, 더러운 것, 호색
② 불신앙과 종교적 범죄: 우상숭배, 술수
③ 인간관계 속의 죄들: 원수 맺는 것, 분쟁, 시기, 분냄, 당짓는 것, 투기
④ 술과 관련된 것들: 술취함, 방탕함

6. 이런 육체의 일들 가운데 이해되지 않는 부분들을 서로 질문하고 답해 주라. 이런 육체의 일을 하는 자들에게 주어지는 결과는 어떤 것인가?(21절)

7. 당신은 이런 육체의 일을 행하고 있지 않은가? 있다면 어떻게 하면 좋을지 서로 나누어 보라.

8. 이에 반에 바울이 말하는 성령의 아홉 가지 열매는 어떤 것인지 서로 암송해 보는 시간을 가지라(22,23절).

9. 그리스도 예수의 사람들은 성령의 열매를 맺을 수밖에 없다. 왜 그런가?(24절) 이 말의 의미는 무엇이라고 생각하는가?

10. 우리의 삶이 성령의 인도하시는 바가 되면 육체의 욕심을 이루지 않을 수 있다는 사실을 믿는가? 어떻게 하면 성령의 인도하심을 받는 삶을 살 수 있을지 나누어 보라.

|다짐하기|

11. 일주일 동안 성령을 따라 산 증거들을 요일별로 정리해서 적고, 다음 주에 그룹원들 앞에서 솔직하게 나누어 보라.

Mon	
Tues	
Wed	
Thurs	
Fri	
Sat	
Sun	

|관점얻기|

성령을 따라 행하는 것

'성령을 따라 행하는 것'은 '성령에 의해서 사는 것(live by the Spirit, NIV)', 혹은 '성령 안에서 걸어 다니는 것(Walk in the Spirit, KJV)'을 의미한다(16절). 주체가 내가 아니라 성령이다. 성령에 의해서, 성령 안에서 행하는 것이 성령을 따라 행하는 것이다. 반면에 "육체의 욕심(에피뒤미아)"이란 '하나님을 떠나 죄가 가득한 존재 속에 있는 열정적인 힘'을 의미한다. 이 욕심은 성적으로, 물질적으로 드러나며, 관계 속에서도 나타난다. 이 욕망을 이겨내는 방법은 성령이 그 욕망 대신 삶을 결정하는 능력으로 작용하게 하는 것이다. 그래서 로마서 8장 2절에서는 "이는 그리스도 예수 안에 있는 생명의 성령의 법이 죄와 사망의 법에서 너를 해방하였음이라"고 말한다.

육체의 소욕과 성령의 소욕

바울은 육체의 소욕과 성령의 소욕을 병립(竝立)적 대립관계로만 설명하지만(17절), 사실은 성령이 육체보다 우월적 위치에서 대립적 관계를 취하고 있는 것으로 보아야 한다. 바울이 말하고자 하는 것은 거듭난 성도라 할지라도 죽을 때까지 성령의 소욕과 육체의 소욕 사이에 치열한 전쟁을 치러야 하므로 '성령을 따라 살라'는 맥락이다. 18절의 '율법 아래 있지 아니하리라'는 말은 그렇게 성령을 따라 살면 진정한 자유가 부여되고, 그 자유 안에서 성령의 열매를 맺어가야 한다는 말이다.

육체의 일(19~21절)

'육체의 일은 분명하다'는 말은 이미 공개적으로 잘 알려져서 우리가 다 안다는 뜻이다. 바울은 육체의 일을 크게 네 부류로 나눈다.

첫 번째 부류는 순결과 반대되는 것들로, 음행(부정하고 불법적인 성교), 더러운 것(육체적 불결함뿐만 아니라 마음 가운데 담겨져 있는 도덕적 불순함), 호색(억제할 수 없는 육욕, 무절제)이다. 두 번째 부류는 불신앙과 종교적 범죄들로, 우상숭배(거짓 신들을 예배함), 술수(우상숭배와 관련된 이교 주술사의 약물을 사용한 마술적 행위, 병 치료와 관련된 것) 등이다.

세 번째 부류는 인간관계 속의 죄들로, 원수 맺는 것(적개심이나 개인적인 증오 등으로 나타나는 외부적 갈등), 분쟁(언쟁이나 다투기를 좋아하는 기질), 시기(타인을 향한 맹렬한 시기심), 분냄(가장 격렬한 분노의 폭발), 당 짓는 것(목전의 이익을 추구하는 비열한 본성, 자신을 내세우고자 하는 욕구, 나아가서 이단으로 봉착됨), 투기(감정뿐만 아니라 행동으로 상대편을 해치는 것) 등이다. 네 번째 부류는 술과 관련된 것으로, 술 취함(정도를 넘어서는 지나친 음주, 성령 외 다른 것으로 자기를 주도하게 하는 것), 방탕함(헬라 문헌에서는 술의 신인 바쿠스가 다른 신을 기리는 만찬 후에 행하는 떠들썩한 야간 행렬을 의미, 자신의 것을 자기 마음대로 사용하는 것) 등이다. 이런 일을 하는 자는 하나님의 나라를 유업으로 받지 못한다.

성령의 열매(22,23절)

'열매'는 성령에 의해서 일방적으로 주어지는 '은사'와는 구별된 단어다. 즉 성령의 사역과 인간 편에서의 책임성이 동시에 내포된 말이다. 열매란 하나님의 은혜와 성령의 역사에 대한 인간 편에서의 합당한 반응이며, 바울은 이것을 아홉 가지로 묘사한다.

① '사랑'은 아가페로 하나님께서 우리를 사랑하신 그 사랑이며, 진

정한 그리스도인의 사랑은 청결한 마음과 선한 양심과 거짓이 없는 믿음에서 나온다(딤전1:5). ② '희락'은 저급한 인간적인 기쁨이 아니라 하나님의 사랑을 믿음으로 발생하는 기쁜 마음을 의미한다. ③ '화평'은 예수가 십자가에서 이루신 화해로 말미암아 얻게 된 하나님과의 화평과 그로 인한 내면의 평화로 외적 관계의 평안으로 충만해진다. ④ '오래 참음'은 어떤 상황 속에서도 계속하여 참음으로써 관용할 줄 아는 성품이다. ⑤ '자비'는 다른 사람에게 기꺼이 봉사하려는 마음이며, 이는 죄인을 구원하시려는 하나님의 무한한 친절을 묘사하는 표현이다. ⑥ '양선'은 하나님의 선하심이 아니라 인간적인 선을 지칭하는 말이다. ⑦ '충성'은 하나님께 대한 확신이나 신앙, 믿음이며, 보다 자연스러운 번역은 '신실함'이다. ⑧ '온유'는 이웃을 향한 윤리적 관용을 말하고, ⑨ '절제'는 하나님을 향한 것도, 타인을 향한 것도 아닌 바로 자신을 향한 미덕으로 특히 성적인 문제의 절제를 묘사하는 말이다. '이 같은 것' 곧 '성령의 열매'를 맺지 못하게 할 수 있는 율법은 없다.

성령으로 행하기

그리스도 예수의 사람들은 십자가에 우리의 정욕과 탐심을 함께 못 박았다(24절). 즉 그리스도의 대속적 죽음의 은혜 아래 있는 사람들은 죄악된 본성으로부터 솟아나는 정욕 및 욕심뿐만 아니라 그 근본 본성까지 십자가에 못 박은 사람들이다. 그러므로 우리는 육체의 일을 벗고, 성령을 따라 행하고, 그래서 성령의 열매를 맺도록 최선을 다해야 한다(25,26절). '헛된 영광을 구하지 말라'는 말은 허영적인 것, 교만한 것들을 위해서 자신을 우월하다고 생각하지 말라는 뜻이다.

|청년 자기 체크리스트|

아래의 체크리스트를 가지고 오늘 소그룹 모임에 임한 자신의 태도를 충분히 점검해 보라.

점검 사항		5	4	3	2	1
준비 및 예습	본 과를 준비하면서 충분히 예습은 하였는가					
	각 과의 분명한 목적은 알고 모임에 임했는가?					
	성령께서 나를 만지시도록 기도로 준비하였는가?					
	소그룹원들을 위해서 중보하였는가?					
	리더를 위해서 중보하였는가?					
	나를 변화시키실 하나님을 기대하는 마음으로 임했는가?					
참여 및 자세	적극적으로 질문과 대답에 참여했는가?					
	정직하게 자신을 오픈했는가?					
	지체들의 발표에 사랑하는 마음으로 공감적 경청을 하였는가?					
	모임 중 성령의 인도하심을 계속적으로 기도했는가?					
	하나님께서 원하시는 것이 무엇인지 분명히 알았는가?					
	발견된 진리를 삶과 인격에 적용하기로 결단했는가?					
	이번주에 중보할 지체를 발견했는가?					
적용 및 결단	삶과 인격 변화를 위한 이번주 자신의 적용은 구체적인가?					
	배운 내용이 삶의 상황에 분명히 적용되었는가?					
	소그룹 모임에 대한 만족감이 있었는가?					
	배운 내용을 분명하게 정리했는가?					
	이번 과의 주제와 목적을 분명히 알게 되었는가?					
	삶과 인격의 변화를 위해 기도할 준비가 되어 있는가?					
평가	이번주 총점					

"그러므로 내 사랑하는 형제들아 견실하며 흔들리지 말고 항상 주의 일에 더욱 힘쓰는 자들이 되라 이는 너희 수고가 주 안에서 헛되지 않은 줄 앎이라" (고전 15:58)

- 이번주 생일자는?
- 다음주 청년부 행사는?
- 이번 달 암송 구절과 필독서는?
- 이번주 소그룹 특이 사항은?
- 다음주 전도할 대상은?

11과
이제 공동체를 세우도록 하자

갈라디아서 6장 1~10절

하나의 건축을 완성하려면 다양한 단계들을 거쳐야 한다.
우선 건축에 대한 철학과 목표를 세운다.
그리고 그에 맞는 설계도를 작성한다.
또한 설계도에 맞게 물품을 준비해야 한다.
이를 위해 재정도 필요하고 전문가도 필요하다.
그런 다음 순서대로 건물을 지어가야 한다.
토지를 정리하고, 기둥을 세운다.
여기에 살을 붙이고 안전, 전기, 방음, 방수 등 각종 점검을 진행한다.
최종 건물이 완성되면
그 건물을 통해 기쁨을 누리게 된다.
우리의 신앙생활도 마찬가지다.
특히 교회 공동체의 삶은 옵션이 아니라 필수다.
공동체를 세우는 것은 건축과 같아서
마음이 필요하고 절차가 필요하고 재료들이 필요하다.
바울은 갈라디아 교회 공동체를 세우는데 필요한 것들을
6장의 말미에 강조하고 있다.
공동체가 옵션이 아닌 필수라면
우리는 어떻게 공동체를 세워나가야 하는지 알아야 한다.

말씀암송 | 데살로니가전서 5장 21,22절

범사에 헤아려 좋은 것을 취하고, 악은 어떤 모양이라도 버리라

|다가서기|

1. 당신이 건축가라면 어떤 건물을 짓고 싶은지 나누어 보라. 그 건물을 짓는데 가장 중요한 것은 무엇이며, 어떻게 지어갈지 나누어 보라.

2. 과거 교회 공동체를 떠나려고 생각했던 적이 있는가? 그 이유는 무엇이었고, 지금은 어떻게 생각하고 있는가?

|깊이보기|

본문은 교회 공동체를 어떻게 세워갈 것인가를 강조한다. 교회 안에 들어온 율법주의자들의 잘못된 가르침으로 공동체가 깨어질 위기앞에 바울은 어떻게 공동체를 바로 세울지를 보다 구체적으로 말하는 부분이다. 또한 믿음으로 말미암은 자유를 바르게 사용하여 성도가 어떻게 성령을 따라 살 수 있는지를 교훈하는 마지막 단락이다. 특별히 그리스도인 공동체를 향한 교훈이 강조되어 형제의 허물과 범죄함이 있을 때 어떻게 해야 하는지 관계적 측면으로 설명하고 있다.

3. 바울은 교회 공동체를 세우는데 필요한 여섯 가지를 제시한다. 그 첫 번째 것은 무엇이며 그 의미는 무엇이라고 생각하는가?(1절 상반절, 관점얻기 참조)

4. 왜 범죄한 형제를 바로 잡는 일이 힘든가? 그럴 때 당신은 어떻게 하는가?

5. 공동체를 세우는 두 번째 요소는 무엇인가?(1절 하반절) 이 말의 의미는 무엇이라고 생각하는가?(4절)

6. 당신은 이 말씀대로 순종하고 있는가? 그렇지 못하다면 그 이유는 무엇인가?

7. 공동체를 세우는 세 번째 요소는 무엇인가?(2절) 이 말의 의미는 무엇이라고 생각하는가?

8. 교회 안에서 당신이 다른 사람의 염려와 근심을 함께 져 준 일이 있다면 나누어 보라. 그때 어떤 느낌이 들었는가?(롬 13:10)

9. 네 번째로 공동체를 세우는데 필요한 것은 무엇인가?(6절) 이것은 무엇이라고 생각하는가?(롬12:2, 엡2:10)

10. 당신은 배우는 자인가? 그리스도 안에서 우리는 무엇을 배워야 하고 어떻게 배워야 한다고 생각하는가?(딤후3:14)

11. 다섯 번째로 필요한 것은 무엇인가?(7절) 이 말의 의미는 무엇인가?

12. 여섯 번째로 필요한 것은 무엇인가?(9절) 그 이유와 의미는 무엇이라고 생각하는가?

|다짐하기|

13. 교회 공동체를 세우기 위해서 오늘 배운 내용 여섯 가지를 일주일 동안 모두 삶 속에서 적용하여 실천하고 그 느낀 점을 적어오라.

공동체 세우기	온유한 심령으로 바로 잡기	자신을 돌아보기	서로의 짐을 져 주기	좋은 것을 함께 하기	스스로 속이지 않기	낙심치 않기
느낀 점						

|관점얻기|

공동체를 세우는데 필요한 것들

1절의 '범죄한 일이 드러나거든'이라는 말은 '진리와 정도에서 벗어나 넘어지는 일을 갑자기 함정에 빠지는 것처럼 당하거든'이라는 의미다. 어쩔 수 없이 어떤 범죄의 유혹에 빠졌거나, 본인도 모르게 부지중에 범죄하였을 때 어떻게 처신하여야 하는지를 말한다. '신령한 너희'는 '성령을 좇아 행하며 사는 사람들'이라는 의미로, 영적 리더들을 의미하지 않고 모든 갈라디아 교인들을 의미한다. 그러므로 모든 공동체원들에게 주는 교훈이다.

첫째, 온유한 심령으로 바로 잡는 것

첫 번째 필요한 것은 '온유(프라위테스)한 심령 바로 잡는 것'이다(1절 상반절). 관계가 틀어질까봐 방치하는 것은 바른 일이 아니다. 그래서 '온유한 심령'이 필요한 것이다. 이것은 '하나님 앞에서 자신의 무지와 무능력을 인정하고 전적으로 하나님께 맡기는 겸손의 마음가짐(갈5:23)'을 의미한다. 이것은 인간의 기질이 아니라 그리스도와 연결되고 그의 형상과 일치될 때에 생겨나는 것이다(F.Hauck, S.Schulz, W.Bauder). 이 말은 범죄한 사람을 인간의 판단이나 노여움으로 징계할 것이 아니라 겸손한 자세와 하나님의 사랑으로 그를 돌보면서 올바른 길로 인도하라는 말이다.

둘째, 자신을 돌아보는 지혜

두 번째는 '자신을 돌아보는 지혜'가 필요하다(1절 하반절). 여기서 '자신을 돌아보는' 것은 그 일을 타산지석(他山之石)삼아 자신의 신앙과 생활을 보다 면밀히 살피고 그러한 실책을 범하지 않도록 주의하는 것이다. 그러면 우리의 자랑이 '형제와의 비교'에서가 아니라 '내 속에서' 발견되는 것임을 알 수 있다(4절). 우리의 자랑은 내 속에서 발견되어지는 하나님의 사랑이다. 이것이 각자가 져야 하는 짐이다(5절). 5절의 '짐(포르티온)'은 2절의 '짐(바로스)'과 다르다. 2절의 짐은 공동체로서 짊어져야 할 공동체의 짐이고, 5절의 짐은 공동체 구성원으로서 개개인이 짊어져야 할 개인적인 짐이다. 5절의 짐은 자기를 살피고, 자기 안에서만 자랑할 것을 발견하는 그런 의무를 말한다.

셋째, 서로 짐을 지는 것

세 번째는 '서로 짐을 지는 것'이다(2절). 원문상 강조되어 있는 말은 '서로'라는 말이다(문두 위치). 문맥상 '짐(짐들)'은 갈라디아 교인들을 범죄에 빠뜨렸던 1절의 '시험거리들'이다. 영적 삶을 방해하는 염려와 근심들이다. 우리는 서로 그 짐을 져야 한다. '지다(바스타조)'라는 말은 '누구든지 예수님을 좇아오려거든 자기 십자가를 지고' 할 때, '내 몸에 예수의 흔적을 가졌다'고 할 때 사용된 바로 그 말이다. 형제의 근심과 염려가 우리가 져야 하는 십자가다. 이런 맥락에서 공동체는 신앙생활의 선택 사항이 아니라 필수다. 공동체가 없으면 십자가를 지거나 그리스도의 제자로 살 수 없기 때문이고, '그리스도의 법', 즉 '성령을 따라 사는 그리스도인의 생활 규범'을 성취하는 것이기 때문이다(2절). 공동체적 삶을 살지 않으면서 종교 생활에 대한 자랑만 있다면 아무 것도 되지 못한 것이고 스스로 속이는 것이다(3절).

넷째, 모든 좋은 것을 함께 하는 것

네 번째는 '모든 좋은 것을 함께 하는 것'이다(6절). 가르침을 받는 자가 가르치는 자와 모든 좋은 것을 함께 하는 것이다. '좋은 것(아가도스)'는 영적이고 도덕적인 선한 것이며 하나님의 뜻이다(롬12:2, 엡2:10). "함께 하라"는 말은 '나눠 가지라', '쓸 것을 공급하라' 등으로 번역되어진다. 함께 해야 하는 주체는 가르침을 받는 자이다. 교회 공동체는 모두가 배우는 자의 자세를 주도적이고 적극적으로 취해야 한다.

다섯째, 스스로 속이지 않는 것

'스스로 속이지 말라'는 말은 '사탄에게 속임을 당해 스스로 속이지 말라'는 뜻이다(7절). 주체가 사탄이다. 즉 '사탄에게 속아서 육체를 위하여 살면서 거기서 영생을 거둘 줄로 속지 말라'는 뜻이다. 이것이 하나님을 '업신여김'이다(7절). 이 말은 '코웃음 치다, 조롱하다'의 의미로 "하나님은 스스로 조롱받게 내버려 두지 않으시는 분이다"라는 의미가 된다. '심는 대로 거둔다'는 말은 8절의 내용을 의미한다.

여섯째, 낙심하지 않는 것

9절의 '선'이란 앞에서 말한 모든 것을 의미한다. 특히 교회 공동체를 세우는 일들이다. '성령의 밭에 선행의 씨앗을 뿌리는 일'은 인내가 필요하다. 그러므로 '낙심하지 않는 것'이 중요하다. 그래서 끝까지 계속적으로 행할 것을 가르치고 있다. 왜냐하면 하나님의 때가 되면 거둘 것이고 이룰 것이기 때문이다. 10절의 '기회 있는 대로'는 보다 적극적인 자세로 선행을 행하라는 말이다. "더욱 믿음의 가정들에게 할지니라"는 말은 바울의 교훈을 공동체를 섬기는 관점에서 보도록 한다.

|청년 자기 체크리스트|

아래의 체크리스트를 가지고 오늘 소그룹 모임에 임한 자신의 태도를 충분히 점검해 보라.

점검 사항		5	4	3	2	1
준비 및 예습	본 과를 준비하면서 충분히 예습은 하였는가					
	각 과의 분명한 목적은 알고 모임에 임했는가?					
	성령께서 나를 만지시도록 기도로 준비하였는가?					
	소그룹원들을 위해서 중보하였는가?					
	리더를 위해서 중보하였는가?					
	나를 변화시키실 하나님을 기대하는 마음으로 임했는가?					
참여 및 자세	적극적으로 질문과 대답에 참여했는가?					
	정직하게 자신을 오픈했는가?					
	지체들의 발표에 사랑하는 마음으로 공감적 경청을 하였는가?					
	모임 중 성령의 인도하심을 계속적으로 기도했는가?					
	하나님께서 원하시는 것이 무엇인지 분명히 알았는가?					
	발견된 진리를 삶과 인격에 적용하기로 결단했는가?					
	이번주에 중보할 지체를 발견했는가?					
적용 및 결단	삶과 인격 변화를 위한 이번주 자신의 적용은 구체적인가?					
	배운 내용이 삶의 상황에 분명히 적용되었는가?					
	소그룹 모임에 대한 만족감이 있었는가?					
	배운 내용을 분명하게 정리했는가?					
	이번 과의 주제와 목적을 분명히 알게 되었는가?					
	삶과 인격의 변화를 위해 기도할 준비가 되어 있는가?					
평가	이번주 총점					

"그러므로 내 사랑하는 형제들아 견실하며 흔들리지 말고 항상 주의 일에 더욱 힘쓰는 자들이 되라 이는 너희 수고가 주 안에서 헛되지 않은 줄 앎이라" (고전 15:58)

- 이번주 생일자는?
- 이번주 소그룹 특이 사항은?
- 다음주 청년부 행사는?
- 다음주 전도할 대상은?
- 이번 달 암송 구절과 필독서는?

12과
십자가의 흔적을 가져 봐

갈라디아서 6장 11~18절

흔적은 많은 이야기를 담고 있다.
길거리를 지나다가 말다툼이 생기면
옥식각신 다투게 되는 것은 비일비재한 일이다.
대화가 잘 풀리지 않으면
첫 번째로 쓰는 방식이 나이를 묻는 것이다.
그래서 우위를 차지해 보겠다는 것이다.
그게 안 되면 두 번째로 쓰는 방법이 누구를 아는지 물어본다.
인맥을 통해 우위를 차지해 보려는 속셈이다.
그것도 안 되면 웃통을 벗는다.
말다툼이 생겼는데 왜 웃통을 벗는 것일까?
그것은 자신의 몸에 난 흔적을 보여주기 위해서다.
17대1로 싸웠을 때의 흔적,
이 흔적을 보여줌으로 우위를 차지하기 위해서다.
그러면 우리는 그 몸의 흔적을 보고
흔적에 따라 공손히 대하든지, 정중히 사과를 한다.
흔적이란 이런 것이다.
신앙생활에도 흔적이 필요하다.
그것을 그리스도의 향기로 표현하기도 한다.
과연 바울이 갈라디아서를 마감하면서 말하는
흔적이란 무엇인지 찾아 가보자.

말씀암송 | 데살로니가전서 5장 21,22절

범사에 헤아려 좋은 것을 취하고, 악은 어떤 모양이라도 버리라

|다가서기|

1. 당신 몸에 감춰져 있는 흔적을 하나 소개하라. 어떤 사연이고, 그래서 지금 그 흔적이 나에게 어떤 역할을 하는 것인지 나누어 보라.

2. 세상 사람들은 어떻게 우리가 그리스도인이라는 사실을 아는가? 당신이 그리스도인임을 드러내는 방법은 어떤 것이 있는가?

|깊이보기|

갈라디아서는 바울의 특별한 서신이다. 그 이유는 바울이 직접 큰 글자로 쓴 것이기 때문이다(11절). 바울은 항상 대필자(代筆者)를 통해서 편지를 썼다. 그런데 이번만큼은 자신이 직접, 그것도 시력의 손상을 당한 바울이 큰 글자로(혹은 길게, 많게) 보냈다. 그 만큼 중요하기 때문이다. 왜냐하면 교회 안에 들어온 유대주의 율법주의자들이 할례를 행하고 율법을 지켜야 구원 얻는다고 가르치고 있었기 때문이다. 심지어 그들은 바울의 사도직을 의심하고 있을 정도였다. 그래서 바울은 상당한 괴로움을 당하고 있었던 것으로 보인다(17절). 본 절은 할례주의의 부당성을 다시 한 번 강조하면서 십자가의 절대 신앙에 대한 본과 결론적 교훈을 주고 축도하는 내용이다.

3. 바울의 대부분의 서신은 대필을 통해서 쓴 것이다. 이에 비해 갈라디아서의 특징은 무엇이며, 그렇게 특별히 구별하여 서신을 쓴 이유는 무엇인가?(11절, 갈3장1절)

4. 바울이 말하는 '육체의 모양을 내려 하는 자들'은 어떤 자들인가? 갈라디아 교회 상황을 생각하면서 답해 보라(12절, 갈4장21절).

5. 이들의 자랑은 육체다. 이에 반해 바울의 자랑은 무엇인가? 이 말의 의미는 무엇인가?(14절)

6. 당신의 자랑은 무엇인가? 바울과 같이 세상과 엄연히 구별된 영적 자랑이 있는가? 그렇지 않다면 그 이유는 무엇인가?

7. 원래 '흔적(스티그마)'는 노예됨을 나타내는 낙인과 같은 것이다. 바울이 말하는 '예수의 흔적'이란 무엇이라고 생각하는가?(17절)

8. '십자가의 흔적을 가진 삶'이란 결국 삶 속에서 그리스도의 종된 삶을 사는 것이다. 당신의 삶은 그리스도의 종된 흔적이 있는가? 없다면 그 이유는 무엇인가?

9. 바울은 거의 모든 서신에서와 같이 갈라디아 교인들을 향해서도 평강과 긍휼, 은혜를 구한다(16,18절). 모든 신약의 교회들에게 이것이 필요하기 때문일 텐데, 당신에게는 바울이 간구한 이것들이 있는가? 없다면 그 이유는 무엇인가?

|다짐하기|

10. 십자가의 흔적을 가진 삶을 구체적으로 적용해서 실천해 보고 다음 주에 그 삶을 나누라. 이것은 우리의 삶이 그리스도의 종으로서의 모습으로 드러나는 형태를 취할 것이다.

|관점얻기|

육체를 자랑하는 자들

할례를 받아야 한다고 말하는 사람들은 "무릇 육체의 모양을 내려 하는 자들"이다(12절). 또한 그들은 "육체로 자랑하는 자들"이다(13절). 이들은 '할례를 통하여 형식적이고 외면적인 겉치레만 신경 쓰고 그러한 것들만 자랑하는 사람들'이다. 신앙의 알맹이는 없고 겉모습만 있는 사람들이다. 정작 예배는 안드리면서 예배에 대해서 말하는 사람이고, 기도는 안 하면서 기도회에 나오는 사람들이다. 말씀은 들으면서 말씀대로 살지는 않는 자들이 이들이다. 바울은 이런 것이 육체를 자랑하는 것이라고 말한다.

바울의 자랑

반면에 바울은 자신의 자랑은 '주 예수 그리스도의 십자가'뿐이라고 말한다(14절). 바울은 세상과 자신의 관계를 십자가로 설명한다. 즉 세상이 바울을 십자가에 못 박았고, 그도 세상을 그렇게 했다는 말이다. 바울과 세상은 완전히 구별된 상태임을 나타내는 말로 결코 타협할 수 없는 관계다. 그래서 바울은 모든 것을 배설물로 여겼고, 그 수많은 모진 고문과 핍박을 감례(甘醴)하면서 복음을 전하고 사수했던 것이다. 하지만 육체를 자랑하는 자들은 십자가를 자랑하면 정통유대주의자들에게서 맹렬한 비난과 핍박을 받으니까 그것을 면하려고 할례를 받게 했다(12절).

십자가의 흔적

십자가를 자랑하는 것이란, 첫째는 고난을 두려워하지 않는 것이다. 둘째는 세상과 완전히 구별되어 결코 타협하지 않는 관계를 확립하는 것이다. 셋째는 복음을 전하는 것이다. 바울은 이것을 '내 몸에 가신 예수의 흔적, 십자가의 흔적'이라고 정의한다(17절). 이 '흔적(스티그마)'이라는 단어는 신약 성경에서 여기 밖에 나오지 않는다. 하지만 그 당시 헬라 문헌에서는 소유권을 표시하기 위하여 노예의 몸에 찍는 낙인을 가리키는 단어로 쓰인다. 바울은 '그리스도의 흔적'이 바로 자신이 하나님의 소유된 증거라고 말하는 것이다. 우리는 저마다 '하나님의 소유된 증거'가 있는 삶을 살아야 한다. 그것이 십자가의 흔적을 가진 자의 삶이다.

|청년 자기 체크리스트|

아래의 체크리스트를 가지고 오늘 소그룹 모임에 임한 자신의 태도를 충분히 점검해 보라.

점검 사항		5	4	3	2	1
준비 및 예습	본 과를 준비하면서 충분히 예습은 하였는가					
	각 과의 분명한 목적은 알고 모임에 임했는가?					
	성령께서 나를 만지시도록 기도로 준비하였는가?					
	소그룹원들을 위해서 중보하였는가?					
	리더를 위해서 중보하였는가?					
	나를 변화시키실 하나님을 기대하는 마음으로 임했는가?					
참여 및 자세	적극적으로 질문과 대답에 참여했는가?					
	정직하게 자신을 오픈했는가?					
	지체들의 발표에 사랑하는 마음으로 공감적 경청을 하였는가?					
	모임 중 성령의 인도하심을 계속적으로 기도했는가?					
	하나님께서 원하시는 것이 무엇인지 분명히 알았는가?					
	발견된 진리를 삶과 인격에 적용하기로 결단했는가?					
	이번주에 중보할 지체를 발견했는가?					
적용 및 결단	삶과 인격 변화를 위한 이번주 자신의 적용은 구체적인가?					
	배운 내용이 삶의 상황에 분명히 적용되었는가?					
	소그룹 모임에 대한 만족감이 있었는가?					
	배운 내용을 분명하게 정리했는가?					
	이번 과의 주제와 목적을 분명히 알게 되었는가?					
	삶과 인격의 변화를 위해 기도할 준비가 되어 있는가?					
평가	이번주 총점					

"그러므로 내 사랑하는 형제들아 견실하며 흔들리지 말고 항상 주의 일에 더욱 힘쓰는 자들이 되라 이는 너희 수고가 주 안에서 헛되지 않은 줄 앎이라" (고전 15:58)

- 이번주 생일자는?
- 다음주 청년부 행사는?
- 이번 달 암송 구절과 필독서는?
- 이번주 소그룹 특이 사항은?
- 다음주 전도할 대상은?